STARK IN...

Deutsch

Unterstufe

Sprachlesebuch

Schroedel

Stark in Deutsch
Unterstufe

Sprachlesebuch

Erarbeitet von
Arnold Baier
Barbara Mardus
Gerhard Wacker

ISBN 978-3-507-**41693**-2

Westermann Schroedel Diesterweg Schöningh Winklers GmbH, Braunschweig
www.schroedel.de

Druck A ^{2}/Jahr 2007

Alle Drucke der Serie A sind im Unterricht parallel verwendbar.

Redaktion: Dr. Heiderose Risse
Herstellung: Christian Behrens
Illustrationen: Dietmar Griese, Laatzen
Umschlaggestaltung: Jürgen Kochinke
Satz: More*Media* GmbH, Dortmund
Druck und Bindung: westermann druck GmbH, Braunschweig

Inhaltsverzeichnis

Diese Zeichen findet ihr vor den Aufgaben. Sie bedeuten:

schreiben

etwas nachspielen

etwas bunt malen

genau hinsehen, lesen

sprechen, erzählen

schwierigerer Text im Einleger

sich außerhalb des Klassenzimmers informieren

leichterer Text im Einleger

Fußball – Fahrrad – Feuerwehr

Kemal

Kemal, mein Freund,
das ist einer!
Was der kann,
kann keiner.
Deutsch spricht er nicht viel.
Aber beim Fußballspiel.
Linksaußen.
Rechtsaußen.
Torwart, o Mann!
Es gibt keinen,
der das kann:
Kemal spricht
mit den Beinen.

Lisa-Marie Blum

Lies das Gedicht so, dass man hört,
wie du Kemal bewunderst.

Kemal spielt sehr gut Fußball.
Schreibe auf, was du gut kannst.

Die kleine Fußballmannschaft

Wir spielen überall.
Es ist bei uns ein jeder
ganz groß am runden Ball
aus Gummi oder Leder.

Wir spielen hinterm Haus
und zwischen hohen Wänden.
Bei uns gibt es kein Aus,
nur Tore an den Enden.

Bei uns stürmt jeder vor.
Wer will schon hinten bleiben?
Oft treffen wir das Tor
und auch die Fensterscheiben.

Herbert Erdmann

Schreibe das Gedicht ab und
male ein passendes Bild dazu.

Samir

Das ist Samir. Samir ist seit 4 Jahren an unserer Schule. Er kommt aus Syrien.

Samir hat viele Freunde gefunden und kann nun gut Deutsch sprechen. Am besten ist Samir in Sport. Er kann sehr gut Fußball spielen. Alle wollen Samir in ihrer Mannschaft haben.

In seiner Freizeit spielt Samir in einem Fußballverein. Dort ist er ein Stürmer. Er hat oft Punktspiele. Dann schießt er meistens ein Tor.

Als Samirs Klasse eine Klassenfahrt gemacht hat, ist er zu Hause geblieben. Er hatte ein wichtiges Punktspiel.

Wärst du auch zu Hause geblieben?
Begründe deine Meinung.

Freie Zeit

Was machst du in deiner freien Zeit?

Tinas Idee

Am letzten Sonntag war Familie Böhm mit dem Auto unterwegs. Sie war in einem Freizeitpark und alle hatten viel Spaß. Auf dem Weg nach Hause gab es auf der Autobahn einen Unfall. Fast eine Stunde lang hat Familie Böhm im Stau gestanden. Endlich konnten sie weiter fahren, aber die gute Stimmung war verflogen.

Als sie wieder zu Hause waren, hatte Tina eine Idee: „Am nächsten Sonntag machen wir eine Tour zum Silbersee. Aber nicht mit dem Auto, sondern mit unseren Fahrrädern." „Der See liegt aber 25 km entfernt", meinte der Vater. „Ist das nicht zu weit für euch?" Andreas rief: „Das werden wir schon schaffen." „Und am See machen wir dann ein schönes Picknick", sagte die Mutter.

Was hältst du von Tinas Vorschlag?

Die Fahrradtour wird vorbereitet

Vater plant die Radtour.
Er schaut auf die Karte und sucht die Wege heraus, auf denen sie zum See fahren wollen.

Mutter und Andreas kontrollieren die Fahrräder. Sind die Bremsen und die Beleuchtung in Ordnung? Haben die Reifen genügend Luft?

Mutter, Tina und Andreas packen den Picknickkorb. Sie legen Becher, Teller und Besteck in den Korb. Mutter verstaut Getränke und viele leckere Sachen zum Essen.

Das Gepäck ist gut verstaut. Alle haben ihre Helme aufgesetzt.
Endlich kann die Radtour losgehen.

Die Fahrradtour

Familie Böhm fährt auf der Hauptstraße.
Alle fahren hintereinander.
Aufmerksam achten sie auf den Verkehr.

An der Ampel muss Familie Böhm anhalten.
Erst als die Ampel wieder grün anzeigt, biegen sie nach rechts ab.

Der Weg durch den Wald ist ein Fahrradweg. Hier können sie zu zweit nebeneinander fahren. Ab und zu schauen sie auf die Karte, um richtig abzubiegen.

Endlich ist der Silbersee in Sicht.
Es geht bergab und alle fahren etwas schneller.
„Geschafft!", ruft Andreas als Erster.

Am Silbersee

Familie Böhm ist am Silbersee angekommen. Alle stellen ihre Räder ab und nehmen das Gepäck herunter. Vater sieht nach, ob die Fahrräder abgeschlossen sind. Dann suchen sie einen schönen Platz für das Picknick. Unter einem großen schattigen Baum breiten sie ihre Decke aus. Die Kinder laufen los zum See. „Kommt bald zurück!", ruft die Mutter hinter ihnen her. „Wir wollen dann essen."

Als Tina und Andreas zurückkommen, haben die Eltern alles für das Picknick vorbereitet. Es gibt eine große Schüssel mit Kartoffelsalat, Tomatensalat, Würstchen mit Senf, Wasser, Saft und einen leckeren Kirschkuchen. Trotzdem betteln Tina und Andreas: „Mama, gibst du uns etwas Geld? Am Kiosk gibt es … im Sonderangebot." Was wollen die beiden sich wahrscheinlich kaufen?

Hilfe, es brennt!

Es ist kurz nach neun Uhr. Sabine ist gerade ins Bett gegangen. Sie denkt an die Schule. Ob Frau Müller morgen ein Diktat schreiben wird?

Plötzlich kommt Sabines Mutter aufgeregt ins Zimmer gerannt. Sie schreit: „Hilfe, es brennt! Wir müssen hier raus!" Im Treppenhaus ist dicker Rauch. Mutter und Sabine rennen auf den Balkon. Da kommt schon die Feuerwehr. Die Leiter wird ausgefahren. Sabine und ihre Mutter klettern nach unten.

Ein Löschzug steht neben der Leiter. Die Motorpumpe läuft. Ein dicker Wasserstrahl kommt aus dem Rohr. Nach einer halben Stunde ist das Feuer gelöscht.

Wie könnte das Feuer entstanden sein?

Die Aufgaben der Feuerwehr

retten **löschen** **schützen** **bergen**

Katastrophe verhindert!
Feuerwehr konnte Giftfässer bergen

Brandstiftung?!
Die Freiwillige Feuerwehr aus Tiefenbach löschte den Brand in der Grundschule.
War es Brandstiftung?

Feuerwehr rettet Katze
Frau M. aus Steinberg nimmt ihre Katze Nora glücklich aus den Händen von Feuerwehrmann Köhler.

Feuerwehr schützt Wohnhaus
in der Schillerstraße
Mutige Feuerwehrleute verhindern Übergreifen des Feuers auf Wohnhaus

Suche Berichte über Feuer und Feuerwehr.

Was tun, wenn es brennt?

H	Ich rufe 112 an.
O	Ich rufe meine Oma an.
I	Ich rufe Erwachsene um Hilfe.
L	Ich laufe sofort vor dem Feuer weg.
A	Ich verstecke mich unter dem Bett.
F	Ich fahre nicht mit dem Fahrstuhl.
E	Ich warte in der Nähe des Hauses auf die Feuerwehr.
M	Ich versuche das Feuer selbst zu löschen.

Schreibe die **richtigen** Aussagen auf.
Wie heißt das Lösungswort?

Jugendfeuerwehr – was ist das?

Technik

Wettbewerbe

Zeltlager

Spiel und Spaß

Freundschaft, Zusammenhalt

Das ist was!

Ist das auch was für dich?

Spiel und Spaß

Ein Kind

saß vor dem Fernsehapparat und
schaute fern.
Es schaute Zeichentrickfilme.
Es schaute Kindersendungen.
Es schaute Sport.
Es schaute die Wetterkarte.
Es schaute alles.

Das Kind
verlernte dabei zu spielen.
Es verlernte zu erzählen.
Es verlernte zu malen.
Es verlernte zu staunen.
Es verlernte zu träumen.

Das Kind
vergaß außerdem die Hausaufgaben.
Es vergaß, die Zähne zu putzen.
Es vergaß zu schlafen.
Es vergaß die Freunde.
Es vergaß, wie ein Kind zu leben.

Angela Beiser, Bettina Rinderle, Veronika Merklin-Schönstein

Das Kind sieht viel fern.
Was könnte das Kind anderes tun?

Ball an die Wand

Dieses Spiel kannst du allein oder mit mehreren spielen. Du brauchst einen Ball.

Stelle dich in einem Abstand von 3 Metern vor eine Wand. Wirf den Ball an die Wand und fange ihn wieder auf.

5-mal: Wirf den Ball an die Wand.
Fang den Ball mit beiden Händen wieder auf.

4-mal: Wirf den Ball an die Wand.
Lass den Ball einmal vor dir auf den Boden prallen.
Fang den Ball mit beiden Händen wieder auf.

3-mal: Wirf den Ball an die Wand.
Klatsche einmal in die Hände.
Fang den Ball mit beiden Händen wieder auf.

2-mal: Wirf den Ball an die Wand.
Klatsche zweimal in die Hände.
Fang den Ball mit beiden Händen wieder auf.

1-mal: Wirf den Ball an die Wand.
Dreh dich einmal um dich selbst.
Fang den Ball mit beiden Händen wieder auf.

Du kannst den Ball auch mit einer Hand fangen.
Hast du noch andere Ideen? Probiere sie aus!

Glücksstein

Dies ist ein Spiel für mindestens 3 Spieler.
Ihr braucht einen faustgroßen Stein und Murmeln, Nüsse oder Kastanien und Straßenmalkreide.

Das Spielfeld ist ein großer Kreis.
Male den Kreis auf den Schulhof.
Lege den großen Stein in die Mitte des Kreises.

Jeder Spieler bekommt 5 Murmeln.

Alle Spieler stehen außerhalb des Kreises.
Abwechselnd rollen die Spieler ihre Murmeln in Richtung des Glückssteins.
Sie werfen jedes Mal eine Murmel.

Gewinner ist, wer seine Murmel am nächsten an den Glücksstein gerollt hat.
Der Gewinner bekommt von jedem Mitspieler eine Murmel.

Hüpfspiel

Dieses Spiel kannst du allein oder mit mehreren spielen.
Du brauchst dicke Kreidestücke (Straßenmalkreide).
Male einen Spielplan auf. Das geht am besten auf dem Schulhof.

Male 30 Kästchen auf. Jedes Kästchen soll so lang und breit sein wie zwei Füße.

Du hast dann drei Reihen mit zehn Kästchen.

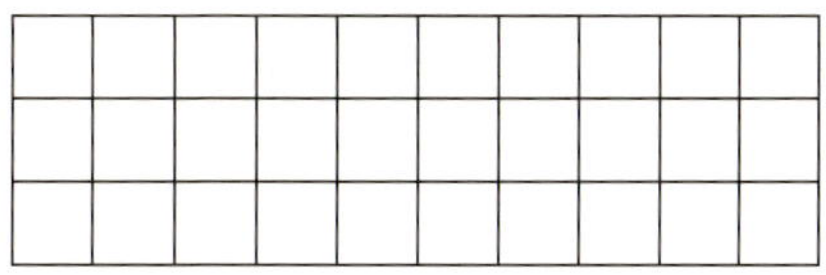

Schreibe große Zahlen in die Kästchen.
Schreibe die Zahlen von 1 bis 30 hinein.
Die Zahlen sollen durcheinander stehen.
Markiere zwei oder drei Kästchen grün.
Diese Kästchen sind zum Ausruhen.

29	22	11	21	**6**	3	19	**14**	16	15
24	28	25	18	12	20	**17**	2	8	7
30	23	27	10	26	**9**	4	13	5	1

Hüpfe in der Reihenfolge der Zahlen von 1 bis 30.
Manchmal liegen zwei Kästchen weit auseinander.
Dann kannst du dich auf den grünen Feldern ausruhen.

Wer schafft es, auf einem Bein zu hüpfen?
Wer schafft es, mit gekreuzten Beinen zu hüpfen?

Das Einsiedler-Spiel

Dieses Spiel kannst du allein spielen.
Du brauchst 14 runde Spielsteine, Münzen oder Knöpfe.
Du brauchst einen Spielplan mit 15 Kreisen.

Male diesen Spielplan auf ein Blatt Papier. Das geht gut, wenn du einen Spielstein als Schablone nimmst, also um ihn herum malst. Lege die Spielsteine in die Kreise. Ein Feld bleibt frei.

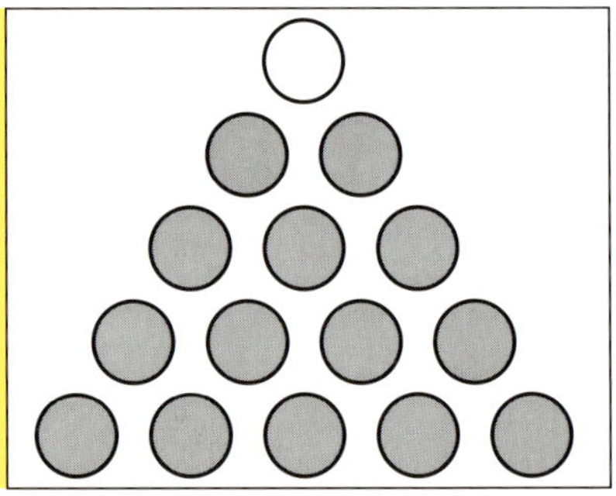

Springe mit einem Stein über einen anderen hinweg auf das leere Feld.

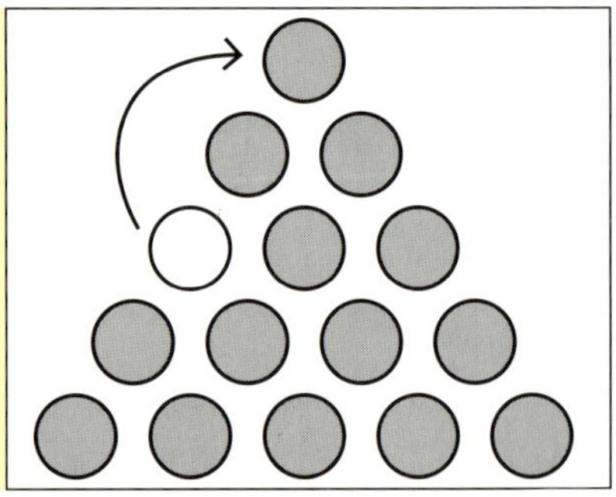

Nimm den Stein fort, über den du gesprungen bist.

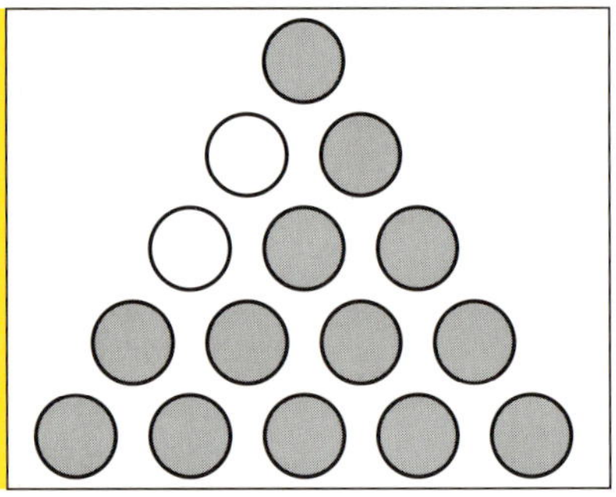

Springe wieder mit einem Stein über einen anderen hinweg auf ein leeres Feld.
Nimm wieder den Stein fort, über den du gesprungen bist.
Spiele so weiter. Es soll nur ein Stein übrig bleiben.

Ene, mene, ming, mang

Ich und du,
Müllers Kuh,
Müllers Esel,
das bist du.

Eine kleine Mickeymaus
zog sich mal die Hose aus,
zog sie wieder an
und du bist dran.

Auf dem bi-ba-bunten Berge
wohnen bi-ba-bunte Zwerge.
Und die bi-ba-bunten Zwerge
haben bi-ba-bunte Kinder.
Und die bi-ba-bunten Kinder
essen jeden Tag ein Ei:
Eins, zwei, drei
und du bist frei.

Ene, mene, ming, mang,
kling, klang, eia, weia, weg.

Meine Güte, in der Tüte
saß ein Kater, macht Theater;
kam der Bär, macht noch mehr,
kam die Maus und du bist aus.

Auf einem Gummi-Gummi-Berg
da wohnt ein Gummi-Gummi-Zwerg,
der Gummi-Gummi-Zwerg
hat eine Gummi-Gummi-Frau,
die Gummi-Gummi-Frau
hat ein Gummi-Gummi-Kind,
das Gummi-Gummi-Kind
hat ein Gummi-Gummi-Kleid,
das Gummi-Gummi-Kleid
hat ein Gummi-Gummi-Loch
und du bist es doch!

Suche weitere Abzählverse.

Zusammenleben

Nach einem Streit

Weißt du,
wie das ist,
traurig zu sein,
sich ganz allein
zu fühlen?
Du gibst mir
nicht einmal einen Kuss,
sagst: „Schluss,
es ist Zeit, schlafen zu gehen!"
Ich liege da
mit all meiner Wut.
Mir geht es nicht gut!

Regina Schwarz

Wann Freunde wichtig sind

Freunde sind wichtig
zum Sandburgen bauen,
Freunde sind wichtig,
wenn andere dich hauen,
Freunde sind wichtig
zum Schneckenhaussuchen,
Freunde sind wichtig
zum Essen von Kuchen.
Vormittags, abends,
im Freien, im Zimmer …
Wann Freunde wichtig sind?
Eigentlich immer!

Georg Bydlinski

Anja, du musst aufstehen

Mutter: Guten Morgen, Anja, du musst aufstehen.
Es ist gleich 7.
Anja: Ja, gleich.
Ich bin noch so müde.
Mutter: Anja, bist du aufgestanden?
Es ist 15 nach 7.
Anja: Gleich, ich stehe gleich auf.
Mutter: Anja! Anja! Es wird Zeit!
Es ist 20 Minuten nach 7.
Anja: Ja, ich komme.
Mutter: Anja, ich höre dich immer noch nicht!
Nun steh endlich auf!
Anja: Ja, ja.
Mutter: Anja, wie oft soll ich dich noch rufen?
Es ist halb acht.
Du kommst bestimmt zu spät.
Anja: Ich bin ja schon hoch.
Ich finde meine Strümpfe nicht.
Mutter: Deine Sachen liegen alle auf dem Stuhl.
Anja: Ich habe sie schon.
Holst du mir schnell meine Schultasche?
Mutter: Du musst erst dein Brot essen und deine Milch trinken.
Anja: Das geht nicht mehr.
Ich muss jetzt los.

Helene Will-Beuermann

So früh schon wach?

Fatma wacht immer früh auf. Sie mag das. Heute hört sie: Es regnet. Sie denkt: Wie leise der Regen ist, wie eine leise Trommel auf dem Dach.

Fatma geht aufs Klo. Die Eltern reden schon in der Küche. Großmutter schnarcht leise. Sie schläft nebenan. Neben dem Zimmer von Fatma und Nesrin. Nesrin ist Fatmas große Schwester. Sie schläft gern lange. „Dadadada", hört Fatma. Das ist Serkan. Er singt in der Babysprache.

Fatma hört noch etwas: Ein Motorrad! Das ist die Zeitungsfrau!

Fatma hockt sich schnell vor den Briefkasten im Flur. Sie schließt das Türchen auf. Schon hört sie Schritte. „Hallo!", ruft Fatma. „Hallo, Fatma, so früh schon wach?" Das sagt die Zeitungsfrau jedes Mal, bevor sie die Zeitung in den Kasten rutschen lässt. „Klar", ruft Fatma fröhlich. Sie bringt die Zeitung in die Küche.

Inge Meyer-Dietrich

Anna kommt zu spät

Anna ist mit den Schularbeiten fertig und ruft: „Mama, ich geh´ noch mal zu Lisa." „Ist gut, Anna, denke aber daran, dass ich um 16 Uhr zum Zahnarzt muss. Du musst dann so lange auf Jonas aufpassen", antwortet die Mutter. Jonas ist Annas kleiner Bruder. Er ist erst ein Jahr alt.

Auf dem Weg zu Lisa trifft Anna zwei Mädchen aus ihrer Klasse. „Komm doch mit", sagen die beiden. „Wir wollen ein Eis essen gehen." Anna denkt: „Ein Eis wäre nicht schlecht. Dann gehe ich eben hinterher bei Lisa vorbei." Gemeinsam gehen sie zum Kiosk am See und essen ein Eis. Sie reden und reden und schauen den Enten am See zu. Plötzlich sieht Anna auf ihre Uhr. „Schon halb fünf!", ruft sie erschrocken. Schnell läuft sie nach Hause.

„Wo kommst du jetzt erst her?", fragt die Mutter. „Ich warte schon lange auf dich." „Lisa und ich haben für das Diktat geübt", sagt Anna schnell.

Warum sagt Anna nicht die Wahrheit?
Hast du schon eine ähnliche Situation erlebt?

Nico und die CD

Montag hat Florian eine CD an Nico ausgeliehen. Am nächsten Tag fragt er: „Hallo, Nico. Hast du meine CD mitgebracht?" Nico antwortet: „Du kriegst sie morgen wieder. Ich habe sie auf dem Küchentisch liegen gelassen."

Als Nico Florian am Mittwoch sieht, sagt er: „Wir haben verschlafen. Ich musste so schnell aus dem Haus. Morgen bringe ich dir deine CD bestimmt wieder mit." Aber auch am nächsten Tag hat Nico die CD nicht dabei. Florian wird wütend und ruft: „Noch einen Tag gebe ich dir. Dann bist du die längste Zeit mein Freund gewesen."

Nico weiß nicht, was er sagen soll. Nico weiß nicht, was er tun soll. Nico hat die CD von Florian an Olaf weitergegeben.

Was könnte Nico sagen?
Was könnte Nico tun?

Ist dir schon einmal etwas Ähnliches passiert?

Das tun doch nur Feiglinge

Heute ist Lisa krank.
Paul muss allein zur Schule gehen.

Aus einer Seitenstraße kommen Flori und Martin.
Sie stellen sich Paul in den Weg.
„Wo willst du hin?", fragt Flori.
„In die Schule", antwortet Paul.
„Warum machst du dann einen Umweg?", fragt Martin.
„Ich mache keinen Umweg", widerspricht Paul.
„Ich gehe zur Fußgänger-Ampel."

Flori und Martin lachen. „Das tun doch nur Feiglinge.
Richtige Jungen gehen hier über die Straße."
„Das mache ich nicht", sagt Paul.
„Dann musst du uns zwei Euro geben",
verlangt Flori und hält die Hand auf.
Paul schüttelt den Kopf. „Ich habe kein Geld."
„Pech!", sagt Martin. „Dann musst du eben hier über die Straße."

Paul will weglaufen.
Aber Flori und Martin halten ihn fest.
Sie sind stärker als Paul.
Sie gehen ja schon in die vierte Klasse.

Manfred Mai (gekürzt)

Wer ist hier der Feigling?
Wie könnte die Geschichte weiter gehen?

Feste feiern in aller Welt

Zuckerfest

Tarek und seine Familie sind Moslems. Einmal im Jahr fasten sie einen Monat lang. Der Fastenmonat heißt Ramadan. Die Eltern essen und trinken in dieser Zeit nichts, solange es hell ist. Tarek und seine Geschwister essen dann keine Schokolade und andere süße Sachen. Am Ende dieses Monats gibt es ein großes Fest. Das Fest dauert drei Tage. In arabischen Ländern heißt es Eid al-Fitr. Die Familien laden zum Festessen ein und besuchen sich gegenseitig. Sie laden auch Freunde ein. Besonders die Kinder bekommen viele Süßigkeiten. In der Türkei heißt dieses Fest auch „Scheker Bairam" (Zuckerfest). Damit alle Menschen feiern können, verschenken die Reichen Geld.

Fragt eure muslimischen Freunde, wie sie das Fest feiern.

Purim

Im Frühjahr feiern die Juden das Fest Purim. Das Fest Purim erzählt die Geschichte von Königin Esther. Esther rettete das Volk der Juden vor Haman, der ein böser Mensch war. Haman wollte nämlich alle Juden umbringen lassen.

Purim ist ein fröhliches Fest. In den Familien gibt es ein festliches Essen. Freunde werden eingeladen. Die Menschen tauschen Geschenke aus. Armen Menschen schenkt man Geld, damit auch sie feiern können. Die Kinder verkleiden sich und führen Theaterstücke auf. Sie laufen fröhlich durch die Straßen.

An welches Fest erinnert dich Purim?

Weihnachten

Das wichtigste Fest bei uns ist Weihnachten. Wir feiern es an drei Tagen. Es ist das Fest des Geburtstages von Jesus Christus vor mehr als 2000 Jahren.

Weihnachten ist ein Fest, das vor allem in der Familie gefeiert wird. Es gibt Geschenke und viel zu essen. Aber jede Familie feiert es doch etwas anders.

Bei Jasmin werden zu Hause Weihnachtslieder gesungen. Lange vor dem Fest haben sie Weihnachtsplätzchen gebacken. Sie fahren in den Wald und suchen beim Förster einen Weihnachtsbaum aus. Heiligabend gehen sie in den Weihnachtsgottesdienst.

In Arturs Familie ist es etwas anders. Gemeinsam schmücken sie einen Weihnachtsbaum. Heiligabend tauschen sie Geschenke aus. Am ersten Weihnachtstag fahren sie zu den Großeltern. Dort gibt es ein großes Essen.

Kannst du dich an das letzte Weihnachtsfest erinnern? Wie feiert deine Familie Weihnachten?

Mittsommernachtsfest

Es gibt auch Feste, die nichts mit einer Religion zu tun haben. In Schweden feiert man Mittsommernacht. Es ist der längste Tag im Jahr. Ganz im Norden von Schweden geht dann die Sonne überhaupt nicht mehr unter.
Für einige Wochen im Sommer gibt es keine Nacht mehr.
Die Menschen freuen sich und feiern im Freien.
In Schweden ist der Winter sehr lang und dunkel. Die Sonne ist dann nur wenige Stunden zu sehen.
Der Sommer ist kurz.
Das Mittsommernachtsfest ist der Höhepunkt des Sommers.

In Deutschland gibt es ähnliche Feste.

Strohbären treiben den Winter aus.

Welches Fest gibt es bei euch?

Gesundsein ist wichtig

Der Schulzahnarzt kommt

Einmal im Jahr kommt der Schulzahnarzt in die Schule. Er schaut bei allen Kindern die Zähne nach. Mirco kommt an die Reihe. Der Zahnarzt schaut sich alle seine Zähne an. Dann fragt er Mirco, ob er denn regelmäßig seine Zähne putzt. Mirco schüttelt den Kopf. Mircos Milchzähne sehen nicht gut aus. Einige sind ganz dunkel. Mirco hat auch schon bleibende Zähne, die nach den Milchzähnen wachsen. Diese Zähne wird er für immer behalten. Auf diese Zähne muss er deshalb besonders aufpassen. An zwei neuen Zähnen hat er kleine Löcher. Die Löcher müssen unbedingt gefüllt werden, damit sie nicht größer werden. Der Schulzahnarzt gibt ihm einen roten Zettel mit für seine Eltern. Mirco muss bald zum Zahnarzt. Auch Tina, Alex und Christoph müssen zum Zahnarzt. Andere Kinder bekommen grüne Zettel. Sie müssen nicht sofort zum Zahnarzt.

Warum kommt gerade der Zahnarzt in die Schule?

Die Zuckerfresserbande

Sebastian erinnert sich:

Als ich in der zweiten Klasse war, kam Frau Kohlstedt mit Kroko. Kroko hat uns gezeigt, wie man die Zähne richtig putzt. Frau Kohlstedt hat uns auch erklärt, warum die Zähne Löcher bekommen. Dabei hat sie uns die Geschichte von der Zuckerfresserbande erzählt. Die Zuckerfresser sind winzige Tierchen. Das sind Bakterien. Sie fressen besonders gerne Zucker. Die Zuckerfresser spucken dann eine scharfe Säure aus, die kleine Löcher in die Zähne brennt. Deshalb muss man zweimal täglich die Zähne putzen. Vor dem Schlafengehen ist es ganz besonders wichtig. Damit kann man die Zuckerfresserbande vertreiben.

Welche Lebensmittel mag die Zuckerfresserbande besonders gern?

Als es noch keine Zahnärzte gab

Bis vor 200 Jahren wussten die Menschen noch nicht, wie wichtig es ist die Zähne zu putzen.

Es gab noch keinen Zahnarzt, keine Zahnbürste und keine Zahnpasta. Obst und Gemüse gab es nur im Sommer. Damals hatten viele Leute Löcher in den Zähnen. Diese Löcher wurden immer größer und bald tat der Zahn furchtbar weh. Manchmal tat der Zahn immer weiter weh. Dann musste er raus. Dann gingen die Leute zum Bader. Der Bader gehörte zum fahrenden Volk, das von Jahrmarkt zu Jahrmarkt zog. Zähne zog der Bader mit einer großen Zange mitten auf dem Marktplatz. War gerade kein Bader in der Gegend, ging man zum Schmied. Der hatte nicht nur große Zangen, sondern auch viel Kraft.

Ulrike Gerold/Wolfram Hänel

Eine neue Brille für Nico

Nico kommt müde und schlecht gelaunt aus der Schule. Seine Mutter und seine Schwester Annika sitzen schon beim Mittagessen.

Nico trinkt erst einmal ein großes Glas Limonade. Dann schimpft er los: „Frau Breidenbach hat mich wieder angemeckert. Ich würde nie aufpassen. Dabei war der Text an der Tafel viel zu klein!“

Nico weint fast. Da überlegt Nicos Mutter: „Beim Fernsehen sitzt er auch immer so nah vor dem Gerät. Ob Nico schlecht sieht?“

Am nächsten Tag ruft Nicos Mutter bei der Augenärztin an und vereinbart einen Termin.

Die Ärztin untersucht Nicos Augen und sagt: „Du brauchst unbedingt eine Brille!“

Am gleichen Tag gehen Nico und seine Mutter zum Optiker. Nach drei Tagen ist die Brille fertig. Ein super Modell! Jetzt kann Nico wieder alles ganz genau sehen: den Text an der Tafel und im Lesebuch. Beim Fernsehen sind die Bilder auch wieder viel klarer.

Als sein Freund Christoph auch noch zu ihm sagt: „Übrigens, deine neue Brille ist echt cool!“, da ist Nico wieder richtig glücklich.

Warst du schon einmal beim Augenarzt?

Krankengeschichten vom Franz

Die Krankheiten kommen beim Franz
immer zur falschen Zeit.
Wenn er keine Lust hat,
in die Schule zu gehen,
ist der Franz garantiert
pumperlgesund.
Krank wird er nur,
wenn die Gabi von nebenan
Geburtstag hat
oder der Zirkus gerade in der Stadt ist.

Das findet der Franz ungerecht und gemein.
Nur einmal hat er bisher
mit einer Krankheit
Glück gehabt,
und das war der Scharlach.

Den kriegte aber nicht der Franz, sondern der Josef, sein großer Bruder. Aber der Arzt sagte, der Franz könnte sich auch schon mit dem Scharlach angesteckt haben. Der Franz bekam den Scharlach nicht, und die drei Wochen wurden wunderschön. Die Mama nahm sich Urlaub, um den Josef zu pflegen. Aber der schlief meistens. So hatte die Mama jede Zeit für den Franz.

Christine Nöstlinger

Welche Krankheit bekommt Josef?
Wie lange darf Franz nicht zur Schule gehen?
Warum nimmt sich Mama Urlaub?

Als ich einmal krank war
Mama ist krank!
Besuch im Krankenhaus

Krank

„Ich kann heut nicht zur Schule gehn",
so sprach heut morgen die Marlen.

„Ich habe Ausschlag, rote Flecken,
Masern, Mumps, was für ein Schrecken,
hab' Knochenschmerzen, rote Beulen.
Mein Hals tut weh, es ist zum Heulen.

Auch meine Füße sind geschwollen
und Mandeln hab' ich, groß wie Knollen,
und Hühnerpocken, siebzehn Stück.
Ich kann nicht vor und nicht zurück.
Ich seh ganz grün aus im Gesicht
und Grippe hab' ich, merkst du's nicht?

Doch was, was ist, was sagst du da?
Samstag ist heute? Auwei! Na, klar!
Dann auf Wiedersehn!
Ich will spielen gehn."

Shel Silverstein

Gestern war ein Tag zum Weinen.
Gestern war ich nicht gesund.
Heute bin ich auf den Beinen.
Morgen geht es wieder rund.

Frantz Wittkamp

fünfter sein

tür auf
einer raus
einer rein
vierter sein

tür auf
einer raus
einer rein
dritter sein

tür auf
einer raus
einer rein
zweiter sein

tür auf
einer raus
einer rein
nächster sein

tür auf
einer raus
selber rein
tagherrdoktor

Ernst Jandl

Im Wartezimmer

Wetter gibt's das ganze Jahr

Die Jahresuhr

Januar, Februar, März, April,
die Jahresuhr steht niemals still.
Januar, Februar, März, April,
die Jahresuhr steht niemals still.

Mai, Juni, Juli, August,
weckt in uns allen die Lebenslust.
Mai, Juni, Juli, August,
weckt immer allen die Lebenslust.

September, Oktober, November, Dezember,
und dann, und dann
fängt das Ganze schon wieder von vorne an:

Januar, Februar, März, April ...

Musik und Text: Rolf Zuckowski

Vom Frühling zum Winter

Vom Frühling zum Sommer,
vom Sommer zum Herbst,
vom Herbst zum Winter,
da braucht es viel Zeit.

Ganz langsam werden
die Blumen bunt.

Ganz langsam werden
die Birnen süß.

Ganz langsam fallen
die Blätter ab.

Ganz langsam kommt
über die Berge der Schnee.

Elisabeth Borchers

Verblühter Löwenzahn

Wunderbar
stand er da im Silberhaar.

Aber eine Dame,
Annette war ihr Name,
machte ihre Backen dick,
machte ihre Lippen spitz,
blies einmal, blies mit Macht,
blies ihm fort die ganze Pracht.

Und er blieb am Platze
zurück mit einer Glatze.

Josef Guggenmos

Schätze mal, wie viele Samen auf einer Pusteblume sind.

Klebe die Samen zuerst auf Klebestreifen.
Klebe den Klebestreifen dann auf eine Pappe.
Tipp: Wenn du Zehnerpäckchen machst,
kannst du sie leichter zählen.

Sommerhitze

Kinder, ist das eine Hitze!
Kinder, ist das heute heiß!
Nur zwei Sachen gibt's,
die nützen:
Badengehen oder Eis.

Darum nur nicht lang gefackelt,
schnell die Badehose her!
Ist auch unser kleines
Schwimmbad
leider nicht das große Meer.
Morgen gehen wir wieder
baden –
und der Winter ist so weit!
Sonnenschein und Wasserplantschen!
Herrlich ist die Ferienzeit!

Christel Süßmann

Auch in der Sommerhitze kann man schöne Dinge machen.

Male ein Bild mit Sommerfarben und schreibe Sätze dazu.

Der letzte Apfel am Apfelbaum

Die Blätter sind gefallen,
der Wind hat sie verweht,
und von den Äpfeln allen
hängt nur noch einer, seht!

Da sagt der Baum zum Apfel:
„Nun fall schon! Es ist Zeit."
Der Apfel sagt: „Erst, wenn ich
das will, dann ist's soweit –

solang ich mich noch halten kann,
solang hält auch der Herbst noch an."

Juri Korinetz

Schreibe das Gedicht ab.

Male ein Bild mit einem Herbstbaum und benutze dabei Herbstfarben.

Es schneit

Es schneit,
es schneit,
es schneit
wie nicht gescheit.
Die Zäune haben Mützen auf,
der Turm trägt einen weißen Knauf,
weil's schneit.

Ilona Bodden

Es taut

Es taut,
es taut!
Wie's rinnt
und tröpfelt, schaut!
O weh, wer hätte das gedacht!
Vorbei ist's mit der ganzen Pracht,
weil's taut.

Ilona Bodden

Schreibe ein Gedicht ab
und gestalte ein Gesamtbild in Winterfarben.

Der Mann mit dem Hut

Einmal im Herbst pfiff und heulte der Wind um die Ecken. Und schon hatte er einem Mann, der gerade des Weges kam, den Hut vom Kopf gerissen und weggeweht.

Sofort lief der Mann hinterher. Doch jedes Mal, wenn er sich nach dem Hut bückte, stieß ihn der Wind wieder ein Stück weg!

So ging es eine ganze Weile, kreuz und quer durch die Stadt. In einer langen, geraden Straße sah der Mann seinen Hut zum letzten Mal. Er rollte geradewegs unter die vielen Autos, die über ihn fuhren.

Erst schimpfte der Mann fürchterlich auf den Herbst. Dann auf das Herbstwetter und schließlich auf den Wind.

Spiele nach, wie der Mann geschimpft hat.

Als ihm alle Schimpfwörter ausgegangen waren, spürte der Mann plötzlich, dass die Kälte auf seinem Kopf hockte. Es fror den Mann erbärmlich, denn er hatte auch nicht ein einziges Haar auf seinem Kopf.

Schnell ging er nach Hause. Seine Frau tröstete ihn und begann, ihm eine warme Mütze zu stricken. Die setzte er dann auf, und er musste nie wieder einem Hut hinterher jagen und auf den Herbstwind schimpfen.

Ulises Wensel/Winfried Wolf

Spiele nach, wie die Frau den Mann getröstet hat.

Kleine Trommelgeschichte

Leichter Wind – dunkle Wolken
gibt's Regen?
Es tröpfelt.
Der Wind wird stärker.
Es regnet, es regnet!
Es heult und pfeift!
Es schüttet!
Es gießt!
Es hagelt!
Donner, Blitz, Donnerwetter, Blitzdonnerwetter!
Es prasselt auf deinen Regenschirm.
Lauf schnell nach Haus!

Dorothee Kreusch-Jakob

Die Person soll schnell nach Hause laufen.
Was könnte sie noch tun?
Was darf sie auf keinen Fall tun?

Lies das Gedicht so, dass man spürt, wie das Wetter immer schlimmer wird.
Mit welchen Gegenständen kannst du Wind, Donner und Regen erzeugen?

Wettervorhersage

Draußen regnet es. Der kleine Herr Jakob sitzt am Tisch und liest Zeitung. Der Wetterfrosch im Glas klettert auf die Leiter. Wird das Wetter schön?

Jakob schaut von seiner Zeitung hoch. Der Wetterfrosch ist die Leiter hochgeklettert und krabbelt aus seinem Glas heraus. Draußen …

Jakob beobachtet den Frosch. Erstaunt sieht er, wie der Frosch mit einem Satz auf den Boden hüpft. Draußen …

Jakob schaut zum Fenster. Er bekommt Angst. Nun weiß er, warum sich der Frosch unter dem Tisch verkrochen hat. Draußen …

Bilder von Hans Jürgen Press

Setze die Geschichte immer bei den Pünktchen fort.
Schreibe den Text in dein Heft.

Ist das möglich? – Märchen, Träume, Wünsche

Der süße Brei

Es war einmal ein armes Mädchen,
das lebte mit seiner Mutter allein.
Sie hatten nichts mehr zu essen.

Da ging das Kind hinaus in den Wald.
Dort begegnete ihm eine alte Frau,
die schenkte ihm ein Töpfchen.
Wenn es zu dem sagte:
„Töpfchen, koche",
so kochte es guten Hirsebrei,
und wenn es sagte: „Töpfchen, steh",
so hörte es wieder auf zu kochen.
Nun aßen das Mädchen
und seine Mutter süßen Brei,
so oft sie wollten.

Eines Tages war das Mädchen
ausgegangen.
Da sprach die Mutter:
„Töpfchen, koche."
Da kocht es, und sie isst sich satt.

Als das Töpfchen aber aufhören soll,
hat sie das Wort vergessen.
Also kocht es fort,
und der Brei steigt über den Rand hinaus
und kocht immerzu, die Küche und das Haus voll.
Er läuft auf die Straße,
als wollte er die ganze Welt satt machen.
Endlich aber kam das Mädchen heim
und sprach: „Töpfchen, steh!"
Da hört es auf.

Wer aber in die Stadt wollte,
musste sich durch den Brei essen.

nach den Brüdern Grimm

Der goldene Schlüssel

Es war Winterzeit und es lag tiefer Schnee. Ein armer Junge musste in den Wald gehen und Holz auf einem Schlitten holen. Als er das Holz zusammengesucht und aufgeladen hatte, waren seine Hände fast erfroren. Da wollte er noch nicht nach Hause gehen. Er wollte erst ein Feuer machen und sich ein bisschen wärmen. Er scharrte den Schnee weg. Da sah er einen kleinen goldenen Schlüssel auf dem Erdboden. Er dachte: Wo ein Schlüssel ist, wird auch ein Schloss sein. Er grub in der Erde und fand ein eisernes Kästchen. Er freute sich und dachte: Es sind gewiss kostbare Sachen in dem Kästchen. Er suchte lange, bis er endlich ein kleines Schlüsselloch in dem Kästchen entdeckte. Er probierte und der Schlüssel passte. Da drehte er einmal herum und nun müssen wir warten, bis er vollends aufgeschlossen hat. Dann werden wir erfahren, was für wunderbare Sachen in dem Kästchen lagen.

nach den Brüdern Grimm

Was könnte alles in dem Kästchen gelegen haben?

Im Schlaraffenland

Vor vielen vielen Jahren gab es einmal ein Land, in dem alles anders war:
Die Häuser waren nicht mit Ziegeln gedeckt, sondern mit Eierkuchen.
Die Zäune waren nicht aus Holz, sondern aus Bratwürsten.

Durch die Luft flogen keine Amseln oder Spatzen, sondern gebratene Hühner, Gänse und Tauben.
An den Bäumen wuchsen keine Blätter, sondern frische Brötchen.
In den Bächen floss kein Wasser, sondern Milch.
Es hagelte keine Hagelkörner, sondern Würfelzucker vermischt mit Rosinen und Mandeln.
Die Faulen wurden nicht bestraft, sondern der Faulste von allen wurde König.

nach Hans Sachs

Was könnte noch im Schlaraffenland passiert sein?

Nick hat einen Wunsch

Es ist schon spät, aber Nick, Sarah, Mama und Papa sitzen noch vor dem kleinen weißen Haus. Alle vier schauen in den Himmel und warten auf eine Sternschnuppe. Wer eine Sternschnuppe sieht, der darf sich etwas wünschen.

„Ich weiß schon, was ich mir wünsche!", sagt Nick. „Ich hab mir was ausgedacht." „Was denn?" Sarah verschränkt die Arme. Es ist ziemlich kalt. Nick will es ihr gerade sagen, aber Mama unterbricht ihn. „Man darf niemandem verraten, was man sich wünscht", sagt sie, „sonst geht der Wunsch nicht in Erfüllung." „Sag´s mir trotzdem!", bettelt Sarah. Aber Nick presst die Lippen zusammen und schüttelt den Kopf. Er hat sich seinen Wunsch gut überlegt. Es ist ein ganz wichtiger Wunsch.

Was könnte Nick sich wünschen?
Was würdest du dir wünschen?

„Da!", ruft Papa plötzlich. „Wo?", rufen Nick, Sarah und Mama und schauen schnell in die Richtung, in die Papa zeigt. Eine Sternschnuppe rast über sie hinweg. Sie zieht einen leuchtenden Schweif hinter sich her.

Nick zögert keine Sekunde. „Ich wünsche mir ein Gespenst!", flüstert er. Er flüstert es nur im Kopf, damit es keiner hören kann. Gespenster sind besondere Freunde. Sie können sichtbar oder unsichtbar sein. Sie können Nick beibringen, wie man fliegt und wie man auf hohe Bäume klettert, ohne Angst zu bekommen. Vielleicht wissen sie sogar, wie man durch Wände geht.

Sarah und alle Kinder aus Nicks Klasse werden Angst vor dem Gespenst haben, nur Nick nicht. Kein Kind aus seiner Klasse wird Nick jemals wieder auslachen und „Angsthase" zu ihm sagen.

Bettina Obrecht

Warum hat Nick sich ein Gespenst gewünscht?

Stell dir vor, du hättest ein Gespenst. Wobei könnte es dir helfen?

Nepomuk im Lande Verkehrt

Eines Abends konnte Nepomuk nicht einschlafen. Er schloss die Augen, breitete die Arme aus und da ..., da geschah es: Er begann zu schweben und flog davon. Als er die Augen öffnete, war er im Lande Verkehrt. Dort gingen am Morgen die Kinder zur Arbeit, während die Eltern die Schule oder den Kindergarten besuchten. Nachts lagen die Leute am Strand, um sich im Mondenschein zu sonnen. Nepomuk spielte mit den Kindern Ball. Dann ging Nepomuk in den Park. Dort schwammen die Vögel aufgeregt im Wasser herum, und die Fische zwitscherten auf den Bäumen. Später kam er zu einer Blumenwiese. Dort sah er, wie Kinder mit ihren Schlitten den Berg hinauffuhren.

Gabriele Munzert

Mache es wie Nepomuk: Schließe die Augen, breite die Arme aus ... und schon fliegst du davon.

Was siehst **du**?

Schwein und Ferkel

Ein altes Schwein lief mit seinem Kind eines Tages auf das Feld, um dort zu stehlen.

Als sie gerade dabei waren, ihre Beute zu verspeisen, kam der Hund.

Sie rannten davon, aber der Hund blieb ihnen dicht auf den Fersen.

Als sie endlich in Sicherheit waren, grunzte das alte Schwein, noch ganz außer Atem: „Das tu ich nie, nie, nie mehr wieder."

„Ja, ja", sagte das Ferkel, „und das sagst du immer, immer und immer wieder."

Aus dem Irischen nacherzählt von Frederik Hetmann

„Das tu ich nie, nie, nie mehr wieder."

Von Katzen, Hunden und anderen Tieren

Hunde helfen Menschen

Hütehunde bewachen große Tierherden. Auf diesem Foto hält ein Schäferhund eine Schafherde zusammen. Er passt auf, dass die Schafe die Weidefläche nicht verlassen.

Rettungshunde suchen nach verschütteten Menschen. Sie müssen sehr wendig sein, um in den Trümmern zu klettern, zu kriechen und zu springen. Sie müssen eine gute Kondition haben. Kleinere und mittelgroße Hunde eignen sich am besten.

Polizeihunde nehmen die Spur nach einem Verbrecher auf oder suchen vermisste Menschen. Sie haben eine gute Nase. Sie müssen auf viele Kommandos hören können. Polizeihunde müssen groß, stark und geschickt sein.

Blindenführhunde helfen Menschen, die sehr schlecht sehen oder blind sind. Wenn ein Hindernis im Weg ist, führen sie die Menschen darum herum oder sie bleiben stehen. Sie stoppen auch vor einer Treppe oder einem Bordstein.

Gassi gehen?

Der kleine Herr Jakob liegt im Bett und liest. Ben, sein Hund, läuft zur Tür. Will er noch einmal Gassi gehen?

Ben kommt zu Jakob zurück. Er trägt einen Schuh im Maul. Soll Jakob noch einmal mit ihm Gassi gehen?

Jakob nimmt den Schuh. Er wirft ihn zurück zur Tür. Hat er keine Lust mit Ben Gassi zu gehen?

?

Illustration: Hans Jürgen Press

Uli und sein Hund

Es ist ein kalter Vormittag. Es regnet und stürmt. Uli will nach Hause gehen.

Da sieht er in der Kellernische ein winziges, wolliges Knäuel mit dunklen Augenknöpfen. Zusammengerollt liegt es auf den Steinen und winselt. „Ein Hund!“, ruft Uli. „Ein Hundebaby!“ Uli zieht seine Jacke aus und wickelt den kleinen Hund ein. Der Hund zittert. Er winselt und fiept. Seine Nase schnuppert ängstlich hin und her. „Hab keine Angst“, flüstert Uli. „Ich nehme dich mit heim. Da hast du es gut. Und du sollst Schnupp heißen.“

Uli ist glücklich. Er hat sich schon so lange einen Hund gewünscht. Nun hat er einen gefunden. Aber Uli macht sich auch Sorgen.

Langsam geht er die Treppe hinauf und klingelt an der Wohnungstür. Er ahnt schon, was kommen wird.

Und Uli irrt sich nicht. „Gut, dass du das Hundekind mitgebracht hast, Uli“, sagt die Mutter. „Vielleicht wäre es sonst verhungert oder erfroren. Aber hier bei uns kann es nicht bleiben. Das weißt du doch.“ Der kleine Hund winselt. Uli möchte am liebsten auch winseln.

Er weiß genau, was die Mutter meint: Den Mietvertrag! Uli und seine Eltern wohnen in einem großen Haus mit vielen Wohnungen. Jeder Mieter hat den Mietvertrag unterschreiben müssen. Und in dem Mietvertrag steht:

Irina Korschunow

Warum ist das Halten von Haustieren wohl verboten?
Was könnte Uli tun?

Wie die Katzen zu den Menschen kamen

Seit vielen tausend Jahren bauen Menschen Getreide an. Sie müssen das Getreide für den Winter aufbewahren. Sie lagern es in Lagerhäusern. Aus den Körnern backen sie Brot. Früher gab es in den Kornhäusern viele Ratten und Mäuse. In der Umgebung der Menschen gab es wilde Katzen. Sie kamen und fraßen die Mäuse. Die Menschen merkten, dass die Katzen nützlich waren. Immer mehr Katzen lebten in der Nähe der Menschen. Die Katzen wurden zu Haustieren. Seither leben sie mit den Menschen. Sie haben in dieser Zeit auch gelernt, mit den Menschen zu reden. Sie haben gelernt zu miauen. Wenn man eine Katze gut kennt, kann man verstehen, was sie möchte.

Was weißt du noch über Katzen?

Katzensprache

Die Katze ist zufrieden. Ihr Schwanz ist aufrecht. Sie möchte gestreichelt werden. Vielleicht schnurrt sie.

So sieht eine Katze aus, die spielen möchte. Oder möchte sie etwas Gutes zum Fressen?

Diese Katze ist ärgerlich. Sie sieht vielleicht einen Hund oder eine andere Katze. Sie fühlt sich bedroht.

Katzen können auch mit den Ohren sprechen:

Die Katze ist aufmerksam und zufrieden.

Die Katze hat Angst. Vielleicht wird sie kratzen.

Beobachte eine Katze.

Katzenberg

Die kleine Maus war unterwegs; zum ersten Mal alleine. Den ganzen Tag war sie gegangen, bergauf, bergab, bergauf ... Nun, da es dunkel wurde, setzte sie sich hin und sah sich um mit müden Augen. So wie er aussah, der seltsame Berg da drüben, musste es wohl der Katzenberg sein. Aber bis dorthin wollte sie heute nicht mehr gehn. Sie kroch unter einen warmen Stein und legte sich schlafen.

Hermann Schwenk

Was hat die Maus am nächsten Tag erlebt?

Zebe und die Katze

Zebe ist ein ganz normaler Hund. Er isst am liebsten Wurst. Katzen mag Zebe überhaupt nicht leiden. Wenn er eine sieht, rennt er bellend auf sie zu. Meistens bleiben sie dann stehen und fauchen und machen einen Katzenbuckel. Dann traut sich Zebe nicht näher heran. Er tut dann so, als wollte er gar nichts. Als wäre die Katze gar nicht da. Eines Tages bringt meine Schwester eine Katze mit nach Hause. Ein kleiner Tiger ist es. „Wie soll das gehen mit Zebe zusammen?“, fragt die Mutter. „Der frisst sie auf mit Haut und Haaren“, sagt der Vater. Also, wir wollen einmal schauen.

Die Schwester setzt das Kätzchen auf den Boden und ruft Zebe. Da kommt er. Nanu, was ist denn das? Zebe schaut verdutzt, und die Katze hat gar keine Angst. Sie geht auf Zebe zu und schnurrt und stößt mit ihrem Kopf in Zebes Seite. Zebe schwänzelt und freut sich über das kleine Knäuel. „Das geht ja“, sagt die Mutter. Und wirklich werden die beiden Freunde. Sie schlafen im gleichen Korb und fressen aus derselben Schüssel. Wer hätte das gedacht!

Willi Tobler

Tiere im Zoo

Wenn ein Känguru geboren wird, ist es nur halb so groß wie dein kleiner Zeh. Nach der Geburt krabbelt das junge Känguru in den Beutel der Mutter. Dort kann es Milch trinken. Dort ist es geschützt vor Kälte und Regen. Nach etwa 8 Monaten kann es allein leben.

Ein Giraffenbaby ist bei der Geburt schon 1,90 m groß.
Ein erwachsenes Tier wird bis zu 6 Meter hoch, sein Hals 2 Meter lang. Die Giraffe ist ein Laubfresser. Ihre Zunge ist blau, sehr lang und sehr beweglich. So kann sie gut das zarte Laub in den Baumkronen erreichen.

Elefanten haben eine sehr dicke Haut. Ein Splitter im Fuß tut ihnen aber genauso weh wie dir. Ihre lange bewegliche Nase heißt Rüssel.
Mit dem Rüssel kann der Elefant riechen und atmen. Mit dem Rüssel kann er Bäume aus der Erde ziehen und winzige Dinge greifen. Mit dem Rüssel kann er trompeten und sich Wasser auf den Rücken spritzen.

Das Dromedar ist ein Kamel mit einem Höcker. Der Höcker ist ein großes Fettpolster. Wenn das Dromedar durch die Sandwüste läuft, findet es oft tagelang nichts zum Fressen. Dann verbraucht es das Fett und der Höcker wird immer kleiner. Es braucht auch tagelang kein Wasser. Danach kann es 15 Eimer voll Wasser auf einmal trinken.

Der Strauß ist der größte Vogel der Welt. Er kann nicht fliegen, weil er viel zu schwer ist. Mit seinen langen, kräftigen Beinen kann er aber sehr schnell laufen. Er ist schneller als du mit deinem Fahrrad.

Pinguine sind Vögel, sie können aber nicht fliegen. Sie haben viele kleine Federn, die kein Wasser hindurch lassen. An den Füßen haben sie Schwimmhäute. Ihre Flügel können sie wie Flossen bewegen. Deshalb können diese Vögel schwimmen, tauchen und den Fischen nachjagen.

Tiere fressen doch nicht alles!

Vor der großen Halle stehen lauter Lastwagen an der Laderampe. Männer laden Heu aus und Stroh, Fisch und Fleisch, Obst und Gemüse, Brot und Körner und noch viel mehr.

In der Futterküche steht der Futtermeister. Er wiegt Äpfel ab und zählt Brote und packt alles in die Futterkisten. „Jedes Tier bekommt anderes Futter", sagt der Futtermeister.

„Eisbären bekommen Fisch und fettes Fleisch. Löwen und Tiger bekommen mageres Fleisch und müssen einmal in der Woche hungern. Die Orang-Utans bekommen Salat und ganz viel Obst.

Im Futter der Flamingos ist sogar roter Farbstoff, sonst werden ihre Federn weiß. Das dicke Walross hat einen engen Schlund und kann nur kleine Fische fressen."

Dann kommt ein Lastwagen, holt alle Kisten ab und fährt das Futter aus.

Burghard Bartos

Ein Tag im Zoo

Endlich ist es soweit. Heute fährt die Klasse 3 in den Zoo. Alle Kinder freuen sich sehr. Anna, Miro und Alex wollen sich gemeinsam die Tiere anschauen. „Wohin gehen wir zuerst?", fragt Miro. „Zu den Elefanten, den Kamelen, den Bären oder zur Streichelwiese?" Anna ruft: „Ich möchte unbedingt zu den Affen. Die finde ich immer so lustig." Alex sagt: „Ich möchte am liebsten sehen, wie die Tiere gefüttert werden. Kommt ihr mit?" Alle sind einverstanden.

Fütterungszeiten

Robben und Pinguine	12.00 Uhr
und	15.00 Uhr
Affen	12.00 Uhr
Wölfe	14.00 Uhr
Elefanten	17.00 Uhr

Alex überlegt und sagt: „Wenn wir alle Fütterungen sehen wollen, müssen wir zuerst zu den ... gehen."

Weißt du, wohin die drei zuerst gehen werden?
Schreibe die Reihenfolge der Besuche auf.

„Da steht die Kuh und schaut und schaut"

Da steht die Kuh

Da steht die Kuh und schaut und schaut.
Da steht die Kuh und kaut und kaut.
Da steht die Kuh und kaut und schaut
und schaut und kaut und kaut und schaut.
Da steht die Kuh ... verdaut, verdaut ...
verdaut, verdaut ... verdaut, verdaut, verdaut ...
Ist das zu viel, ne, ne, von wegen,
die Kuh hat schließlich sieben Mägen ...

Nun steht sie wieder da und schaut
und kaut und schaut und schaut und kaut ...
Doch dann plötzlich hebt sie ganz
langsam hinten ihren Schwanz.
Vorn geht's wie immer ... ja, sie kaut,
doch hinten ... platsch ... da liegt's im Kraut.
Nun wedelt sie noch mit dem Schwanz
und dirigiert den Fliegentanz.

Dann steht sie wieder da und kaut
und schaut und kaut
und kaut und schaut
hoch in den Himmel,
der ist heiter
und so weiter ... und so weiter ...

Frederik Vahle

Sommersprossen für Papa

Es ist schönes Wetter. Wir essen im Garten. Es gibt Tomatensuppe. Ich bin schon fertig und darf mit dem Ball spielen. Ich werfe den Ball hoch in die Luft. „Vorsicht!", ruft Mutti. Aber es ist zu spät. Der Ball springt in Papas Teller. Ich bin sehr erschrocken. Die rote Suppe spritzt hoch. Kleine rote Punkte setzen sich auf Papas Gesicht und auf seine Brille. Wird er gleich schimpfen? Da schaut Mutti Papa an. Sie lacht und kann gar nicht mehr aufhören. Ich bin froh und lache auch. Schnell hole ich einen Spiegel. Nun muss auch Papa lachen. Er sagt: „Eigentlich habe ich mir schon immer Sommersprossen gewünscht."

Insa Bauer

Wie hätte dein Vater reagiert?

Male Papas Gesicht im Spiegel.

Ich und die Maus

Wer läuft auf vieren?
Der schwarze Kater.
Wer geht spazieren?
Mutter und Vater.
Wer bleibt zu Haus?
Ich und die Maus.

Wir sitzen und plaudern
von tausend Sachen,
Sachen zum Schaudern,
Sachen zum Lachen.
Und was bekommt die Maus von mir?
Ein Stücklein Wurst, ein Schlücklein Bier.

Josef Guggenmos

Sprecht das Gedicht laut.
Überlegt, wie ihr das Gedicht mit Instrumenten begleiten könnt.

Bitte noch ein Eis!

Heute geht der kleine Herr Jakob in den Zoo. Am Eingang kauft er sich ein großes Erdbeereis.

Zuerst geht er zu den Giraffen. Jakob schaut hoch zu einer Giraffe. Sie schaut herunter zu Jakob und zu seinem Eis.

Jakob läuft zurück zum Eingang. Er spricht mit dem Eisverkäufer. Hat er etwas verloren oder vergessen?

Nein! Jakob hat noch etwas gekauft: Viele Eistüten und ein leckeres Erdbeereis für die Giraffe.

Illustration: Hans Jürgen Press

Die Geschichte von den Rosinenbrötchen

Einmal hatte der Vater zum Kind gesagt: „Bitte, laufe doch schnell für mich zur Post und kauf mir dreißig Briefmarken," und die Mutter hat gesagt: „Auf dem Rückweg kannst du beim Bäcker drei Rosinenbrötchen holen."

Das Kind ist mit dem Geld fortgegangen. Es war gar nicht weit bis zur Post. Aber die anderen Kinder haben auf der Straße gespielt, und das Kind hat ihnen zugesehen und ein bisschen mitgespielt.

Dann ist es zur Post gelaufen. Es hat drei Briefmarken gekauft, und dann hat es beim Bäcker dreißig Rosinenbrötchen geholt, zwei große Tüten voll, das Kind konnte sie kaum schleppen.

Der Vater hat gelacht und gerufen:
„Jetzt muss ich Rosinenbrötchen
auf meine Briefe kleben!"
Und die Mutter hat auch gelacht
und schnell Kaffee gekocht,
und sie haben Rosinenbrötchen gegessen,
bis sie Bauchweh hatten.

Ursula Wölfel

Was hat der Vater zum Kind gesagt?
Was hat die Mutter zum Kind gesagt?
Der Vater hat gelacht. Was hat er gerufen?

Wer kommt gekro- ?

Wer kommt gekro-,
wer kommt gekro-,
wer kommt gekro-,
kro-krochen?
Das Kro-, das Kro-,
das Krokodil,
das Kroko-, Kroko-,
Krokodil.
Mit seinem großen Magen,
kann Kinder gut vertragen.
Drum zieht's daher mit Grausen,
uns alle zu verschmausen.
Das ist nicht lieb,
du böses Tier,
es wäre um uns schade.
Drum friss uns nicht,
du kriegst dafür
ein Stücklein Schokolade.

Josef Guggenmos

Spielt das Gedicht.
Überlegt, wie ihr euer Spiel mit Instrumenten begleiten könnt.

Der Riese Pumpernuss

Der Höhlenriese Pumpernuss,
der stieg mal in den Omnibus
nach Hagen.
Der Riese war zwölf Zentner schwer.
Bedenklich schwankte hin und her
der Wagen.
„Ach, niemals kommt der Omnibus
mit einem Mann wie Pumpernuss
nach Hagen!"
So fingen, als der Riesenmann
sich setzte, alle Gäste an
zu klagen.
Da sprach der Riese Pumpernuss:
„Dann steig' ich aus und geh' zu Fuß
nach Hagen!"

Bruno Horst Bull

Malt den Riesen Pumpernuss beim Einsteigen in den Omnibus.

Ihr könnt die dritte Zeile in jeder Strophe auch im Chor sprechen.

Ein misslungener Einkauf

Frau Reiher: Ah, guten Morgen, liebe Frau Meier.
Frau Meier: Guten Morgen.
Gibt es heute bei Ihnen frische Eier?
Ich brauche sie für den Kuchen.
Frau Reiher: Welche Feier wollen Sie besuchen?
Frau Meier: Ich will ja gar nicht zu einer Feier,
ich will nur backen, liebe Frau Reiher.
Und für meine Torte brauche ich Haselnüsse.
Frau Reiher: Ach so, Sie brauchen Salbe für die Füße!
Frau Meier: O nein, Frau Reiher, geben Sie mir Eis.
Frau Reiher: Wir haben gute Muscheln zum Sonderpreis.
Frau Meier: Sie können mich heute wohl nicht gut hören?
Frau Reiher: Aber sicher – wir haben immer gute Möhren.
Frau Meier: O je, Frau Reiher! Möhren will ich keine.
Doch von den Ananas möchte ich eine.
Auch hätte ich gern ein großes Stück Fisch.
Frau Reiher: Frau Meier, unsere Sahne ist immer frisch.

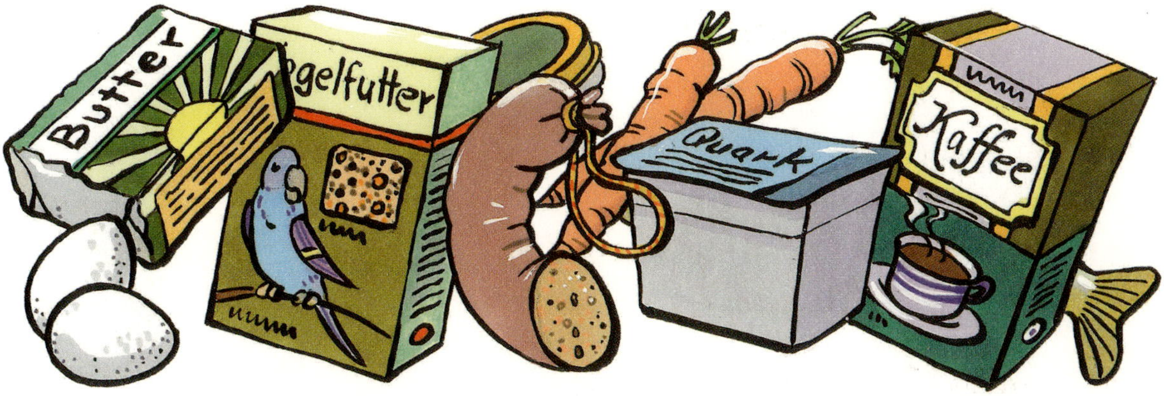

Frau Meier: Ein halbes Kilo bitte noch von der Butter.
Frau Reiher: Ja gerne, hier steht das Vogelfutter.
Frau Meier: Dann geben Sie mir von der Leberwurst.
Frau Reiher: O ja, unser Fifi hat auch immer Durst.
Frau Meier: Frau Reiher, haben Sie denn noch Quark?
Frau Reiher: Nein dieser Kaffee ist gar nicht stark.
Frau Meier: Frau Reiher, Sie brauchen wohl bald ein Hörgerät!
Frau Reiher: Stimmt, es ist wirklich schon spät.
Ich schließe auch gleich den Laden zu.
Frau Meier: Dann lass ich Sie lieber jetzt in Ruh!

Gisela Cappel

Lest den Text mit verteilten Rollen.
Ihr könnt auch ein Rollenspiel machen.
Welche Requisiten braucht ihr dazu?

Der kleine Schwimmer

Jeden Tag geht Hugo ins Bad.
Er lernt dort schwimmen.
Bald kann er richtig schwimmen.
Darum ist er so stolz.
Eines Tages sagt der Vater:
„Ich meine, jetzt kannst du doch schwimmen
wie ein Fisch im Wasser!"
„Noch viel besser!", gibt Hugo zur Antwort.
„Wieso noch viel besser?", fragt der Vater erstaunt.
„Weißt du, Vater, ich kann auf dem Rücken schwimmen,
das können die Fische nicht!"

Wilhelm Straub

Die Geschichte von der Frau, die immer an etwas anderes gedacht hat

Einmal wollte eine Frau Wäsche waschen und Kartoffeln kochen und die Küche putzen. Sie hat aber an etwas anderes gedacht und dabei hat sie den Eimer mit dem Putzwasser auf den Herd gestellt und die Kartoffeln hat sie in die Waschmaschine geworfen und das Waschpulver hat sie auf den Fußboden geschüttet.

Dann hat sie gemerkt, dass alles falsch war. Sie hat schnell den Eimer vom Herd genommen und die Kartoffeln aus der Waschmaschine geholt und das Waschpulver aufgefegt. Jetzt wollte sie alles richtig machen. Aber sie hat wieder an etwas anderes gedacht! Sie hat das Putzwasser in die Waschmaschine geschüttet und das Waschpulver hat sie in den Kochtopf getan und die Kartoffeln hat sie in den Putzeimer geworfen.

Als sie anfangen wollte zu putzen, sind überall die Kartoffeln umhergerollt und als die Frau gerade die Kartoffeln wieder aufsammeln wollte, ist das Seifenwasser im Kochtopf übergekocht und die ganze Küche war voll Waschbrühe. Die Frau hat gelacht und gerufen: „Jetzt ist die Küche wenigstens sauber!" Und dann hat sie wirklich alles richtig gemacht.

Ursula Wölfel

Wie hat sie wohl alles richtig gemacht?

Werkstattseiten Lesen, Schreiben, Sprechen

Lange Wörter lesen 1

Wörter bestehen aus Silben.
Du kannst alle Wörter in Silben gliedern.

A na nas

Lesetipp:
Versuche beim Lesen von langen Wörtern
die einzelnen Silben zu erkennen.
Decke die Wörter
beim Erlesen so ab:

Me lo nen

Me lo nen

Me lo nen

Am Silbersee

Badesachen	Liegewiese	Bikinihose
Bikinioberteil	Badeverbot	Badeanzug
Taucheranzug	Ruderverein	Ameisenhaufen
Eisverkäufer	Duschkabine	Kinderspielgeräte

Schreibe die Wörter in Druckschrift
auf Karteikarten ab.
Hier sind weitere Wörter.
Schreibe eigene lange Wörter auf.

Melonenschale | Limonadenautomat | Schokoladeneisverkäuferin

Lange Wörter lesen 2

Du kannst einzelne Wörter aneinander fügen und erhältst besonders lange Wörter.

Fuß + Ball + Platz = Fußballplatz

Lesetipp:
Versuche beim Lesen von langen Wörtern die einzelnen Wörter zu erkennen.

Fuß ball spieler

Decke die Wörter beim Erlesen so ab:

Fuß ball spieler

Fuß ball spieler

Fuß
Fußgänger
Fußgängerweg

Fuß
Fußgänger
Fußgängerampel

Sommer
Sommerferien
Sommerferienreise
Sommerferienreisebeginn

Spiel
Spielzeug
Spielzeugschrank
Spielzeugschranktür

Rad
Fahrrad
Fahrradsattel

Rad
Fahrrad
Fahrradhelm

Schreibe die Wörtertreppen auf Karteikarten ab.
Hier sind weitere Wörter.

Fußballverein

Fußgängerampelmännchen

Spielkartendosendeckel

Spielzeugschranktürschlüssel

Lange Sätze lesen

Ein Satz besteht aus mehreren Wörtern.
Einige Wörter gehören vom Sinn her zusammen:
Nick und Sara sitzen vor dem Haus und schauen in den Himmel.

Lesetipp:
Versuche beim Lesen von langen Sätzen die Wörter, die zusammen gehören, flüssig hintereinander zu lesen.

Anna, Miro und Alex gehen
Anna, Miro und Alex gehen in den Zoo
Anna, Miro und Alex gehen in den Zoo und schauen
Anna, Miro und Alex gehen in den Zoo und schauen die Tiere an.

Familie Böhm fährt
Familie Böhm fährt mit dem Rad
Familie Böhm fährt mit dem Rad zum Silbersee
Familie Böhm fährt mit dem Rad zum Silbersee und badet.

Ein armer Junge musste
Ein armer Junge musste Holz sammeln
Ein armer Junge musste Holz sammeln und aufladen.

Schreibe die Satztreppen auf Karteikarten ab.
Hier sind weitere Sätze zum Üben:

Frau Reiher hört nicht gut und macht alles falsch.
Eine Frau wollte Wäsche waschen und Kartoffeln kochen und die Küche putzen.

Genaues Lesen

Es gibt viele Wörter, die ähnlich geschrieben werden und ähnlich klingen. Sie haben aber unterschiedliche Bedeutungen:	Tisch laufen Fisch raufen
Lesetipp: Schau beim Lesen jedes Wort genau an:	Das Mädchen hat einen kleinen Kopf. Das Mädchen hat einen kleinen Topf. Das Mädchen hat einen kleinen Zopf. 

Tina und Andreas schwimmen im See und tauchen.
Tina und Andreas schwimmen im See und fauchen.
Tina und Andreas schwimmen im Tee und tauchen.

Tina und Andreas sitzen am See und trinken.
Tina und Andreas schwitzen am See und trinken.
Tina und Andreas sitzen am See und winken.

Die Kinder wollen Pommes saufen.
Die Kinder wollen Pommes kaufen.
Die Rinder wollen Pommes kaufen.

Eine Frau wollte Kartoffeln kochen und Wäsche waschen.
Eine Frau wollte Kartoffeln lochen und Wäsche waschen.
Eine Frau wollte Kartoffeln kochen und Wäsche wischen.

Abschreiben

So lernst du, wie man richtig abschreibt.

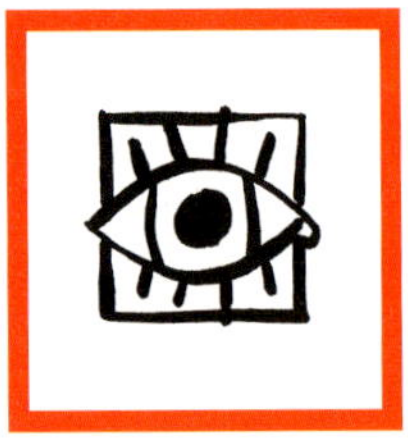

Lies das Wort leise.

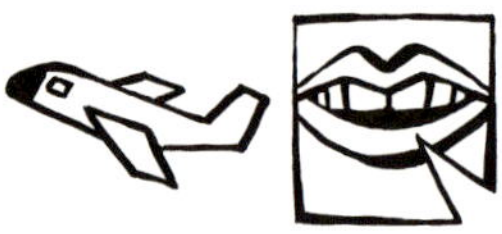

Sprich das Wort noch einmal
in Pilotsprache.

Decke das Wort mit
einem Radiergummi ab.

Schreibe das Wort silbenweise
ab und sprich dabei mit.

Vergleiche das Wort Buchstabe
für Buchstabe mit der Vorlage.

Wenn du das Wort falsch geschrieben hast,
streiche es durch und schreibe es noch
einmal richtig hin.

Großschreibung

Grundregel:
Die meisten Wörter werden klein geschrieben.
Wir schreiben Wörter nur groß,
wenn wir wissen, warum.

Es war einmal ein Mädchen. Eine Frau schenkte ihm ein Töpfchen. Das Töpfchen hörte nicht auf zu kochen. Der Brei lief in die Küche. Der Brei lief auf die Straße. Alle mussten sich durch den Brei essen.

Schreibe den Text ab. Markiere alle Großschreibungen.

Das erste Wort im Satz wird groß geschrieben.

Der Brei lief in die Küche.

Gestern haben wir gespielt bis es dunkel wurde.

Übe weiter auf Seite 90.

Namenwörter (Nomen) werden groß geschrieben.

Der Brei lief in die Küche.

Heute spielen wir wieder Fußball.

Übe weiter auf Seite 91.

Schreibe einen Text aus dem Buch ab, den du schon gut lesen kannst. Markiere alle Großschreibungen.

Wann ist ein Satz zu Ende?
Wann fängt ein neuer an?

Am besten sprichst du das, was du schreiben willst, laut vor. Dein Gefühl sagt dir meistens, wann der Satz zu Ende ist.

In der folgenden Zeile ist ein Satz versteckt. Lies ihn vor.

groß die Zähne bekommen Löcher niemals fertig

Lies die Zeilen. Wenn du einen Satz erkannt hast, schreibe ihn ab. Achte auf den Satzanfang. Setze am Ende des Satzes einen Punkt.

leise ich hatte gestern Halsschmerzen wir gehen

ist zu Hause Nico braucht eine Brille morgen wird

heute sein Bruder hatte Scharlach aber

Hier fehlen die Punkte. Schreibe jeweils einen Satz ab. Fange mit jedem Satz eine neue Zeile an. Vergiss nicht den Punkt am Ende.

Lisa geht nicht gerne zum Zahnarzt sie hat aber schon seit Tagen Zahnschmerzen ein Milchzahn ist entzündet der Zahnarzt muss den Zahn ziehen bald wächst der neue Zahn nach

Namenwörter

Namenwörter sind Wörter für Dinge, die man

sehen,

anfassen

oder malen kann.

Etwas, das man haben kann, schreibt man groß.

Namenwörter schreibt man groß.

In jeder Kiste ist ein Namenwort versteckt. Suche das Namenwort heraus und schreibe es ins Heft. Schreibe den ersten Buchstaben groß.

Begleiter

Namenwörter haben einen **Begleiter**

der Fußball
die Tasche
das Tor

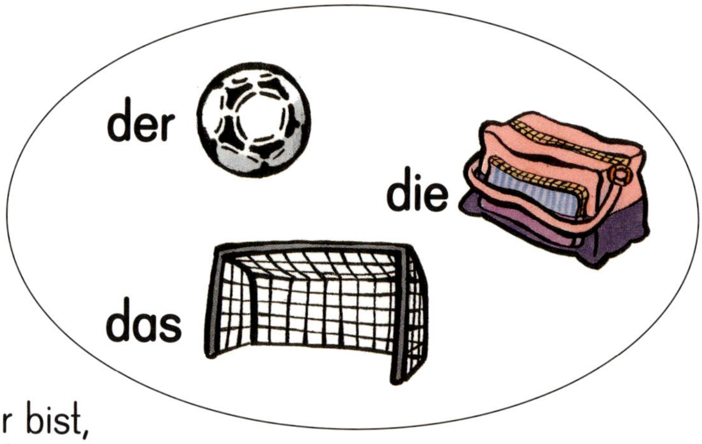

Wenn du nicht sicher bist,
welcher Begleiter richtig ist,
sprich das Namenwort nacheinander mit allen drei Begleitern.
Dein Gefühl sagt dir meistens, was richtig ist.

Lies den Text auf Seite 14.
Schreibe die Wörter ins Heft. Bilde drei Gruppen:
der **die** **das**

Uhr Bett Schule Diktat Mutter Zimmer
Treppenhaus Rauch Balkon Feuerwehr Leiter
Löschzug Motorpumpe Wasserstrahl Rohr Stunde

Lies den Text auf Seite 8.
Schreibe die Wörter ins Heft. Bilde drei Gruppen.

Jahr Schule Freund Sport Fußball
Mannschaft Freizeit Fußballverein
Stürmer Punktspiel Tor Klasse Klassenfahrt

Tuwörter

Tuwörter: Sie sagen, was jemand tut oder was geschieht.

Wie Tiere sprechen

Katze Löwe Vogel
Elefant Hund Ziege

brüllt trompetet bellt
miaut piept meckert

Schreibe so: Die Katze miaut. Der Löwe ...
Unterstreiche alle Tuwörter rot.

Tuwörter verändern sich.

Ich fliege gern.
Du fliegst auf die Nase.
Der Pilot fliegt.

Wir fliegen im Flugzeug.
Er fliegt im Hubschrauber.
Die Vögel fliegen.

Tuwörter erkennen – die Ich-Probe

lesen
Tor blau geht
schreiben heute
reiten malt Heft
müde suche Kater

Wiewörter

Mit **Wiewörtern** kann man Personen, Tiere oder Gegenstände genauer beschreiben.
Ein Beispiel:
Uta: Ich suche meine Katze.
Tim : Wie sieht deine Katze aus?
Uta: Sie ist **klein** und **schwarz**.

Ein Start mit Hindernissen
Heute fährt die Jugendfeuerwehr Marburg in ein Zeltlager nach Kirchvers. Nico packt seinen neuen Rucksack.
Sein Bruder fragt: „Hast du nichts vergessen? Hast du die kleine Taschenlampe eingepackt, den Trinkbecher, das Taschenmesser, die gelben Gummistiefel und deine Regenjacke?" Nico nickt, schleppt seine Sachen zu Papas Auto.
Aber das alte Auto springt nicht an. Nico: „Mist! Hoffentlich komme ich nicht zu spät! Wir wollen um 17.00 Uhr losfahren!"

Wähle das passende Wiewort und schreibe die Sätze in dein Heft.

Der Rucksack ist	neu	krank	lustig
Die Taschenlampe ist	grün	klein	wertvoll
Die Gummistiefel sind	scharf	still	gelb
Das Auto ist	laut	alt	sauber

Fragesatz – Aussagesatz

Ein Satz, mit dem wir eine Frage stellen, ist ein **Fragesatz**.
Am Ende des Fragesatzes steht ein **Fragezeichen**.
Wo steht der Löschzug?

Ein Satz, mit dem wir etwas aussagen, ist ein **Aussagesatz**.
Am Ende des Aussagesatzes steht ein **Punkt**.
Der Löschzug steht neben der Leiter.

Welche Fragen und welche Aussagen passen zusammen?

Ein dicker Wasserstrahl kommt aus dem Rohr.

Welche Telefonnummer hat die Feuerwehr?

Die Feuerwehr hat die Nummer 112.

Mutter und Sabine rennen auf den Balkon.

Wohin rennen Mutter und Sabine?

Was kommt aus dem Rohr?

Text- und Bildquellenverzeichnis

Textquellen

S. 6: Blum, Lisa-Marie: Kemal. Aus: Bartholl, Silvia: Texte dagegen. Weinheim und Basel: Beltz & Gelberg. 1993. S. 28. S. 7: Erdmann, Herbert: Die kleine Fußballmannschaft. Aus: Bilder und Gedichte für Kinder. Ausgewählt von Werner Halle und Klaus Schüttler-Janikulla. © Georg Westermann Verlag. Lizenzausgabe für Benziger Edition im Arena Verlag. 1. Aufl. 1990. – **S. 8:** Samir. Originalbeitrag. – **S. 10:** Tinas Idee. Originalbeitrag. – **S. 11:** Die Fahrradtour wird vorbereitet. Originalbeitrag. – **S. 12:** Die Fahrradtour. Originalbeitrag. – **S. 13:** Am Silbersee. Originalbeitrag. – **S. 14:** Hilfe, es brennt! Originalbeitrag. – **S. 18:** Beiser, Angela; Merklin-Schönstein, Veronika; Rinderle, Bettina: Ein Kind. Aus: Xa-Lando, 3. Sj. (Ausg. B), © Verlag Schöningh, Paderborn 1995. – **S. 19 – 22:** Spiele. Originalbeiträge. – **S. 23:** Abzählverse. Volksmund. – **S. 24:** Schwarz, Regina: Nach einem Streit. Aus: Hans-Joachim Gelberg (Hrsg.): Überall und neben dir. Gedichte für Kinder. 1986, 1989 Beltz Verlag Weinheim und Basel. Programm Beltz & Gelberg. – **S. 24:** Bydlinski, Georg: Wann Freunde wichtig sind. Aus: Christine und Heinz Brand (Hrsg.): Keine Maus zu Haus? Das Bilderbuch der 111 Kindergedichte von J. Guggenmos, M. Ende, P. Maar u. v. a. © Ravensburger 2002. – **S. 25:** Will-Beuermann, Helene: Anja, du musst aufstehen. Aus: Bunte Texte. Was sagst du dazu? Hannover: Verlag Herm. Schroedel 1980. – **S. 26:** Meyer-Dietrich, Inge: So früh schon wach? Aus: I. Meyer-Dietrich: Morgens, wenn der Wecker kräht. Würzburg: Benziger Edition im Arena Verlag 1995. (Text leicht gekürzt). – **S. 27:** Anna kommt zu spät. Originalbeitrag. – **S. 28:** Nico und die CD. Originalbeitrag. – **S. 29:** Mai, Manfred: Das tun doch nur Feiglinge. Aus: Mai, M.: Lisa und Paul auf dem Schulweg. Würzburg: Arena Verlag. (Text leicht gekürzt). – **S. 30 – 33:** Zuckerfest, Purim, Weihnachten, Mittsommernachtsfest. Originalbeiträge. – **S. 34:** Der Schulzahnarzt kommt. Originalbeitrag. – **S. 35:** Die Zuckerfresserbande. Originalbeitrag. – **S. 36:** Gerold, Ulrike/Hänel, Wolfram: Das will ich wissen. Beim Zahnarzt. Würzburg: Arena Verlag 2. Aufl. 2001. Text stark gekürzt und verändert. – **S. 37:** Eine neue Brille für Nico. Originalbeitrag. – **S. 38 f.:** Nöstlinger, Christine: Krankengeschichten vom Franz. Aus: Nöstlinger, Chr.: Krankengeschichten vom Franz. Hamburg: Friedrich Oetinger Verlag 1990. S. 9 ff. – **S. 40:** Silverstein, Shel: Krank. Aus: Spielen und Lernen. Jahrbuch für Kinder 1989. Velber Verlag. S. 80. Ü. a. d. Amerikan.: Frederik Vahle. Aus: Shel Silverstein, Wo der Gehweg endet. © Gertraud Middelhauve Verlag Köln. – **S. 40:** Frantz Wittkamp: Gestern war ein Tag ... Aus: Wittkamp, F.: Ich galub, dass du ein Vogel bist. Weinheim und Basel: Beltz & Gelberg 1987. – **S. 41:** Jandl, Ernst: fünfter sein. Aus: Jandl, E.: Gesammelte Werke. Hrsg. Von Klaus Siblewski. Darmstadt: Hermann Luchterhand Verlag 1985. © 1985 Hermann Luchterhand Verlag GmbH & Co. KG, Darmstadt. – **S. 42:** Zuckowski, Rolf: Die Jahresuhr/Januar, Februar, März, April. © MUSIK FÜR DICH Rolf Zuckowski OHG, Hamburg. – **S. 43:** Borchers, Elisabeth: Vom Frühling zum Winter. Aus: Gelberg, Hans-Joachim (Hrsg.): Kinderland Zauberland. Recklinghausen: Paulus 1967 (gekürzt. Originaltitel: Reise mit Samuel). – **S. 44:** Guggenmos, Josef: Verblühter Löwenzahn. Aus: Guggenmos, J.: Ein Elefant marschiert durchs Land. Recklinghausen: Georg Bitter Verlag 1968. – **S. 45:** Süßmann, Christel: Sommerhitze. Aus: Bilder und Gedichte für Kinder. Benziger Edition . Braunschweig: Westermann Verlag 1990. – **S. 46:** Korinetz, Juri: Der letzte Apfel am Apfelbaum. A. d. Russ. v. H.Baumann. © 1988 Elisabeth Baumann. – **S. 47:** Bodden, Ilona: Es schneit. Es taut. © Ilona Bodden. – **S. 48:** Der Mann mit dem Hut. Aus: Ravensburger Kinderjahr. Ravensburg: Otto Maier Verlag 1991. Aus: Warum die Eisbären schwarze Nasen haben. Ein Geschichtenbuch von Winfried Wolf mit Bildern von Ulises Wensell. – **S. 50:** Kreusch-Jacob. Dorothée: Kleine Trommelgeschichte. Aus: Kreusch-Jacob, D.: Das Musikbuch für Kinder. Mainz: Schott-Verlag. – **S. 52:** Grimm, Jacob und Wilhelm: Der süße Brei. Hier übernommen aus: Jens Hinnrichs u. a. (Hrsg.): Löwenzahn und Pusteblume. Gesamtband. Lesebuch für d. 3. Schuljahr. Hannover: Schroedel Schulbuchverlag 1999. S. 30 f. – **S. 54:** Brüder Grimm: Der goldene Schlüssel. Aus: Röllecke, Heinz (Hrsg.): Kinder- und Hausmärchen. Stuttgart: Philipp Reclam jun. 1980. Bd. 2, S. 429 f. Text stark gekürzt. – **S. 55:** Sachs, Hans: Im Schlaraffenland. Aus: Sachs, H.: Sämtliche Fabeln und Schwänke. Hrsg. V. A. Keller u. E. Goetze. 1870-1908. – **S. 56 f.:** Obrecht, Bettina: Nick hat einen Wunsch (Originaltitel: Ein Gespenst zum Freund, das wäre doch was). Aus: Obrecht, B.: Keine Angst vor Schlossgespenstern. Oetinger Lesebuch. Hamburg: Oetinger Verlag 2001. S. 103. (Text leicht gekürzt). – **S. 58:** Munzert, Gabriele: Nepomuk im Lande Verkehrt. Aus: Munzert, G.: Nepomuk im Lande Verkehrt. München: Verlag Heinrich Ellermann 1985. Text leicht gekürzt. – **S. 59:** Hetmann, Frederik: Schwein und Ferkel. Aus: Gelberg, Hans-Joachim: Geh und spiel mit dem Riesen. Erstes Jahrbuch der Kinderliteratur. Weinheim 1971. S. 47. – **S. 60:** Hunde helfen den Menschen. Originalbeitrag. – **S. 62 f.:** Korschunow, Irina: Uli und sein Hund. Aus: Korschunow, I.: Uli und sein Hund. Frankfurt/M.: Verlag Diesterweg Sauerländer 1982. – **S. 64:** Wie die Katzen zu den Menschen kamen. Originalbeitrag. – **S. 65:** Katzensprache. Originalbeitrag. – **S. 66:** Schwenk, Hermann: Katzenberg. Aus: Gelberg, Hans-Joachim: Eines Tages. Geschichten von überall her. Weinheim und Basel: Beltz Verlag 2002.Programm Beltz & Gelberg. S. 81. – **S. 67:** Tobler, Willi: Zebe und die Katze. Aus: Tobler, Willi: Zebedäus, braver Hund. Ravensburg: Otto Maier Verlag 1988. – **S. 68 f.:** Tiere im Zoo. Originalbeitrag. – **S. 70:** Tiere fressen doch nicht alles! Aus: Bartos, Burghard: Im Tierpark. Braunschweig: Georg Westermann Verlag 1. Aufl. 1999. Lesebox 2. – **S. 71:** Ein Tag im Zoo. Originalbeitrag. – **S. 72:** Vahle, Frederik: Da steht die Kuh ... Aus: Vahle, Frederik: Das Komische im Kindergedicht. Zeitschrift Grundschule 5/1992. Braunschweig: Georg Westermann Verlag. S. 25. – **S. 73:** Bauer, Insa: Sommersprossen für Papa. Aus: Schroedel Taschentexte. Hannover: Schroedel Verlag 1989. – **S. 74, 78:** Guggenmos, Josef: Ich und die Maus/Wer kommt gekro-?. Aus: Guggenmos, J.: Was denkt die Maus am Donnerstag? Deutscher Taschenbuch Verlag München 1983. 13. Auflage, Seite 58/27. – **S. 76 f., 83:** Wölfel, Ursula: Die Geschichte von den Rosinenbrötchen/Die Geschichte von der Frau, die immer an etwas anderes gedacht hat. Aus: Wölfel, Ursula / Bettina Anrich-Wölfel: Achtundzwanzig Lachgeschichten. Hoch-Verlag. Düsseldorf 1969. – **S. 79:** Bull, Bruno Horst: Der Riese Pumpernuss. Aus: Bull, B. H.: Pudel spielst du mit mir Ball? Heyne Jugendtaschenbuch Nr. 27. München: Heyne o. J. – **S. 80 f.:** Ein misslungener Einkauf. Aus: Cappel, Gisela: Hier ist Radio Neulich! Stuttgart: Verlag Ernst Klett 1991. – **S. 82:** Der kleine Schwimmer. Aus: Straub, Wilhelm: Bilder und Geschichten für Kinder. Braunschweig: Georg Westermann Verlag. 4. Aufl. 1993.

Bildquellen

S. 6, 7, 8, 9, 10, 13, 14, 16, 18, 19, 20, 21, 23, 24, 25, 26, 27, 28, 29, 32, 34, 36, 37, 38 f., 40 (2), **42, 43, 45, 46, 47, 48 f., 50, 52 f. 54, 55** (2), **56, 58, 59, 62, 65, 71, 72, 73, 74, 77, 78, 79, 80 f., 82, 83, 84, 87, 91, 92, 93, 94, 95:** Dietmar Griese, Grasdorf. – **S. 11, 12:** Gerhard Wacker, Marburg. – **S. 15:** (1) picture-alliance/dpa. – (2-4) Presseagentur Jendsch, Radolfszell. – **S. 17:** Kreisjugendfeuerwehr Marburg-Biedenkopf/Paul. – **S. 30:** Susanne Kilinc, Stuttgart. – **S. 31:** Dave Bartruff/Corbis. – **S. 33:** (1) Frieder Blickle/Bilderberg. – (2) Kurt Fuchs/photopool. – (3) Werra Rundschau/Möller. – **S. 35:** Arnold Baier, Eschwege. – **S. 40:** Norman Junge. Aus: Ernst Jandl/Norman Junge: fünfter sein. Weinheim und Basel: Verlag Beltz & Gelberg 1997. – **S. 44:** (1) (Löwenzahn) J. Mallwitz/Wildlife. – (2) (Pusteblume D. Harms/Wildlife. – (3) blickwinkel/O. Giel. – **S. 51, 61, 75:** Hans Jürgen Press: Der kleine Herr Jakob. Bildergeschichten. Aus: Der kleine Herr Jakob von Hans Jürgen Press. Weinheim und Basel: Beltz & Gelberg 2004. (Texte ergänzt durch die Erarbeiter von Stark in Deutsch Sprachlesebuch). – **S: 60:** (1) blickwinkel/L. Lenz. – (2) picture-alliance/dpa/dpaweb. – (3) picture-alliance/ZB. – (4) picture-alliance/ Okapia/J-L. Klein & M-L. Hubert. – **S. 64:** blickwinkel/L. Lenz. – **S. 66:** Hermann Schwenk. Aus: Gelberg, Hans-Joachim (Hrsg.): Eines Tages. Geschichten von überall her. Weinheim und Basel: Verlag Beltz & Gelberg 2002. S. 81. – **S. 67:** Bildagentur-online/Begsteiger. – **S. 68:** (1, 3) Digital Stock. – (2) blickwinkel/S. Meyers. – **S. 69:** (1) Jochen Tack/Das Fotoarchiv. – (2) Stober/f1 online. – (3) Digital Stock. – **S. 70:** (1) S.E. Arndt/Wildlife. – (2-5) Digital Stock.

STARK IN...

Deutsch

Unterstufe

Sprachlesebuch

Differenzierungstexte

Schroedel®

Samir

Das ist Samir. Samir kommt aus Syrien.

Samir hat viele Freunde gefunden. Er kann gut Deutsch sprechen.

Samir kann sehr gut Fußball spielen. Er spielt in einem Fußballverein. Er ist ein Stürmer. Er kann gut Tore schießen.

Samirs Klasse hat eine Klassenfahrt gemacht. Da ist Samir nicht mitgefahren. Er ist zu Hause geblieben. Er hatte ein Fußballspiel.

Tinas Idee

Am Sonntag war Familie Böhm mit dem Auto unterwegs. Sie war in einem Freizeitpark. Auf dem Weg nach Hause gab es auf der Autobahn einen Unfall. Fast eine Stunde lang hat Familie Böhm im Stau gestanden.

Zu Hause hatte Tina eine Idee: „Am nächsten Sonntag fahren wir zum Silbersee. Aber nicht mit dem Auto, wir fahren mit unseren Rädern.“ Vater meinte: „Der See liegt aber 25 km entfernt. Ist das nicht zu weit für euch?“ Andreas rief: „Das schaffen wir.“ „Und am See machen wir ein Picknick“, sagte die Mutter.

Am Silbersee

Familie Böhm ist am See angekommen. Alle stellen ihre Räder ab. Sie nehmen das Gepäck herunter. Vater sieht nach, ob die Räder abgeschlossen sind. Dann suchen sie einen schönen Platz für das Picknick. Die Kinder laufen los zum See. „Kommt bald zurück!", ruft die Mutter. „Wir wollen dann essen."

Die Eltern bereiten alles vor. Es gibt Kartoffelsalat, Tomatensalat, Würstchen mit Senf, Wasser, Saft und einen Kirschkuchen. Als Tina und Andreas wiederkommen, fragen sie: „Mama, gibst du uns etwas Geld? Am Kiosk gibt es ..."

Hilfe, es brennt!

Sabine ist schon ins Bett gegangen.

Plötzlich kommt Sabines Mutter ins Zimmer gerannt. Sie schreit: „Hilfe, es brennt!"

Im Treppenhaus ist dicker Rauch. Mutter und Sabine rennen auf den Balkon.

Da kommt schon die Feuerwehr. Die Leiter wird ausgefahren. Sabine und ihre Mutter klettern nach unten.

Nach einer halben Stunde ist das Feuer gelöscht.

Ball an die Wand

Dieses Spiel kannst du allein oder mit mehreren spielen.
Du brauchst einen Ball.

Stelle dich in einem Abstand von 3 Metern vor eine Wand.
Wirf den Ball an die Wand und fange ihn wieder auf.

10-mal: Wirf den Ball an die Wand. Fang ihn mit beiden Händen auf.

9-mal: Wirf den Ball an die Wand. Lass den Ball einmal vor dir auf den Boden prallen. Fang den Ball mit beiden Händen auf.

8-mal: Wirf den Ball an die Wand. Klatsche einmal in die Hände. Fang den Ball mit beiden Händen auf.

7-mal: Wirf den Ball an die Wand. Klatsche zweimal in die Hände. Fang den Ball mit beiden Händen auf.

6-mal: Wirf den Ball an die Wand. Dreh dich einmal um dich selbst. Fang den Ball mit beiden Händen auf.

5-mal: Wirf den Ball an die Wand. Dreh dich zweimal um dich selbst. Fang den Ball mit beiden Händen auf.

4-mal: Stell dich mit dem Rücken zur Wand. Wirf den Ball mit beiden Händen über den Kopf an die Wand. Dreh dich um. Fang den Ball mit beiden Händen auf.

3-mal: Stell dich mit dem Rücken zur Wand. Grätsche deine Beine. Wirf den Ball mit beiden Händen durch die gegrätschten Beine an die Wand. Dreh dich um. Fang den Ball mit beiden Händen auf.

2-mal: Wirf den Ball mit der rechten Hand an die Wand. Fang den Ball mit der rechten Hand wieder auf.

1-mal: Wirf den Ball mit der linken Hand an die Wand. Fang den Ball mit der linken Hand wieder auf.

So früh schon wach?

Fatma wacht immer früh auf. Sie mag das.

Fatma geht aufs Klo. Die Eltern reden schon in der Küche. Großmutter schnarcht leise. Sie schläft nebenan. Neben dem Zimmer von Fatma und Nesrin. Nesrin ist Fatmas große Schwester. „Dadadada", hört Fatma. Das ist Serkan. Er singt in der Babysprache.

Fatma hört noch etwas: Ein Motorrad! Das ist die Zeitungsfrau!

Fatma hockt sich schnell vor den Briefkasten im Flur. Sie schließt das Türchen auf. „Hallo!", ruft Fatma. „Hallo, Fatma, so früh schon wach?" „Klar", ruft Fatma fröhlich. Sie bringt die Zeitung in die Küche.

Inge Meyer-Dietrich (gekürzt)

Anna kommt zu spät

Anna ruft: „Mama, ich geh´noch mal zu Lisa." „Ist gut, Anna. Du musst um 16.00 Uhr wieder hier sein und auf Jonas aufpassen", antwortet die Mutter. Jonas ist Annas kleiner Bruder.

Unterwegs trifft Anna zwei Mädchen aus ihrer Klasse. „Wir wollen ein Eis essen, komm doch mit", sagen die beiden. Anna denkt: „Dann gehe ich hinterher bei Lisa vorbei."

Sie gehen zum Kiosk am See und essen ein Eis. Sie schauen den Enten am See zu. Auf einmal sieht Anna auf ihre Uhr. „Schon halb fünf!", ruft sie erschrocken. Schnell läuft sie nach Hause.

„Wo kommst du jetzt erst her?", fragt die Mutter. „Lisa und ich haben für das Diktat geübt", sagt Anna schnell.

Nico und die CD

Montag hat Florian eine CD an Nico ausgeliehen. Am Dienstag fragt Florian: „Hallo, Nico. Hast du meine CD mitgebracht?" Nico antwortet: „Du kriegst sie morgen wieder. Ich habe sie auf dem Küchentisch liegen gelassen." Am Mittwoch sagt Nico: „Wir haben verschlafen. Morgen bringe ich dir deine CD bestimmt wieder mit." Am Donnerstag hat Nico die CD wieder nicht dabei. Florian wird wütend und ruft: „Noch einen Tag gebe ich dir. Dann bist du die längste Zeit mein Freund gewesen."

Nico weiß nicht, was er sagen soll. Nico weiß nicht, was er tun soll. Nico hat die CD von Florian an Olaf weitergegeben.

Das tun doch nur Feiglinge

Heute ist Lisa krank. Paul muss allein zur Schule gehen.

Aus einer Seitenstraße kommen Flori und Martin. Sie stellen sich Paul in den Weg. „Wo willst du hin?“, fragt Flori. „In die Schule“, antwortet Paul. „Warum machst du dann einen Umweg?“, fragt Martin. „Ich mache keinen Umweg“, widerspricht Paul. „Ich gehe zur Fußgänger-Ampel.“ Flori und Martin lachen. „Das tun doch nur Feiglinge. Richtige Jungen gehen hier über die Straße.“ „Das mache ich nicht“, sagt Paul. „Dann musst du uns zwei Euro geben“, verlangt Flori und hält die Hand auf. Paul schüttelt den Kopf. „Ich habe kein Geld.“ „Pech!“, sagt Martin. „Dann musst du eben hier über die Straße.“

Paul will weglaufen. Aber Flori und Martin halten ihn fest. Sie sind stärker als Paul. Sie gehen ja schon in die vierte Klasse. „Na los, rüber!“, befiehlt Flori und gibt Paul einen Knuff. Paul hat Tränen in den Augen. Ängstlich macht er einen Schritt auf die Fahrbahn. Die Autos brausen dicht an ihm vorbei. Jemand hupt. Paul schließt die Augen.

Manfred Mai (gekürzt)

Zuckerfest

Tarek und seine Familie sind Moslems. Einmal im Jahr fasten sie einen Monat lang. Der Fastenmonat heißt Ramadan. Die Eltern essen und trinken in dieser Zeit nichts, solange es hell ist. Tarek und seine Geschwister essen dann keine Schokolade und andere süße Sachen.

Am Ende dieses Monats gibt es ein großes Fest. Das fröhliche Fest dauert drei Tage. Es heißt in arabischen Ländern Eid al-Fitr. Das bedeutet direkt übersetzt „Fastenbrechen". Tarek und seine Familie sind gläubige Moslems. Am ersten Tag des Festes stehen sie vor Sonnenaufgang auf. Alle baden sich und ziehen neue Kleider an. Dann beten sie in der Moschee bis die Sonne aufgegangen ist. Danach gehen sie nach Hause und essen Frühstück. Jetzt können sie wieder alles essen, was sie wollen. In den nächsten Tagen laden viele Familien andere zum Festessen ein und besuchen sich gegenseitig. Sie laden auch Freunde ein. Besonders die Kinder bekommen viele Süßigkeiten. Daher heißt das Fest in der Türkei auch „Scheker Bairam" (Zuckerfest). Damit alle Menschen feiern können, verschenken die Reichen Geld.

Purim

Im Frühjahr feiern die Juden das Fest Purim. Das Fest Purim erzählt die Geschichte von Königin Esther.

Der König von Persien hatte Esther zur Frau genommen. Er wusste nicht, dass Esther eine Jüdin war. Haman, ein Berater des Königs, hasste alle Juden. Er wollte alle Juden töten lassen. Esther erzählte davon dem König. Der König wurde wütend. Er tötete Haman. So rettete Königin Esther ihr Volk.

Purim ist ein fröhliches Fest. In den Familien gibt es ein festliches Essen. Freunde werden eingeladen. Die Menschen tauschen Geschenke aus. Armen Menschen schenkt man Geld, damit auch sie feiern können. Die Kinder verkleiden sich und führen Theaterstücke auf. Sie laufen fröhlich durch die Straßen.

Weihnachten

Das wichtigste Fest bei uns ist Weihnachten. Wir feiern es an drei Tagen. Es ist das Fest des Geburtstages von Jesus Christus vor mehr als 2000 Jahren. Weihnachten ist ein Fest, das vor allem in der Familie gefeiert wird. Es gibt Geschenke und viel zu essen. Aber jede Familie feiert es doch etwas anders.

Bei Jasmin werden zu Hause Weihnachtslieder gesungen. Lange vor dem Fest haben sie Weihnachtsplätzchen gebacken. Sie fahren in den Wald und suchen beim Förster einen Weihnachtsbaum aus. Jasmins Vater schmückt den Baum. Am heiligen Abend geht die ganze Familie in den Weihnachtsgottesdienst. In Arturs Familie ist es etwas anders. Meistens schmücken alle gemeinsam den Weihnachtsbaum. Am heiligen Abend tauschen sie Geschenke aus. Am ersten Weihnachtstag fahren sie zu den Großeltern. Dort gibt es ein großes Essen.

In anderen europäischen Ländern erhalten Kinder kleine Geschenke bereits in der Vorweihnachtszeit. Am Abend vor dem Nikolaustag stellen die Kinder einen geputzten Stiefel auf das Fensterbrett. Sie hoffen, dass der heilige Nikolaus den Stiefel mit Leckereien füllt. In Spanien bekommen Kinder auch Geschenke, aber erst am Dreikönigstag (6. Januar), also nach Weihnachten. Die Kinder glauben, dass die Geschenke von den drei Königen gebracht werden, wie vor 2000 Jahren dem Jesuskind.

Der Schulzahnarzt kommt

Einmal im Jahr kommt der Schulzahnarzt in die Schule. Er schaut bei allen Kindern die Zähne nach. Mirco kommt an die Reihe. Der Zahnarzt schaut sich alle seine Zähne an. Dann fragt er Mirco, ob er denn regelmäßig seine Zähne putzt. Mirco schüttelt den Kopf. Der Schulzahnarzt gibt ihm einen roten Zettel mit für seine Eltern. Mirco muss bald zum Zahnarzt. An zwei Zähnen hat er schon kleine Löcher. Er ärgert sich. Andere Kinder bekommen grüne Zettel. Sie müssen nicht sofort zum Zahnarzt wie Mirco.

Die Zuckerfresserbande

Sebastian erinnert sich an die zweite Klasse und an Frau Kohlstedt mit Kroko:

Frau Kohlstedt hat uns in unserer Klasse zweimal im Jahr besucht. Kroko hat uns gezeigt, wie man die Zähne richtig putzt. Frau Kohlstedt hat uns auch erklärt, warum die Zähne Löcher bekommen. Dabei hat sie uns die Geschichte von der Zuckerfresserbande erzählt. Die Zuckerfresser sind winzige Tierchen, die eigentlich Bakterien heißen und immer im Mund leben. Sie sehen aus wie pelzige Kugeln. Sie klettern auf den Zähnen herum und warten ständig darauf, gefüttert zu werden. Deshalb muss man zweimal täglich die Zähne putzen. Damit kann man die Zuckerfresserbande vertreiben. Vor dem Schlafengehen ist es ganz besonders wichtig.

Die Zuckerfresserbande frisst besonders gerne Zucker. Die Zuckerfresser spucken dann eine scharfe Säure aus, die kleine Löcher in die Zähne brennt. Sebastian wusste gar nicht, dass in so vielen Lebensmitteln Zucker drinsteckt.

36

Als es noch keine Zahnärzte gab

Auch als Opa Otto noch ein Kind war, gab es schon Zahnärzte. Und auch als der Vater von Opa Otto ein Kind war.

Noch früher, vor 200 oder 300 Jahren, aber hat sich kaum jemand wirklich für die Zähne interessiert. Obwohl die Leute natürlich Zähne hatten. Nur wussten sie damals noch nicht, wie wichtig es ist die Zähne zu putzen, um möglichst lange gesund zu bleiben.
Und sie wussten auch nicht, dass es gut für die Zähne ist viel Obst und Gemüse zu essen.
Es gab noch keinen Zahnarzt, keine Zahnbürste und keine Zahnpasta. Und Obst und Gemüse gab es nur im Sommer.
Damals hatten schon viele Leute Löcher in den Zähnen.
Diese Löcher wurden immer größer und bald tat der Zahn furchtbar weh. Manchmal ließen die Schmerzen nach.
Manchmal aber tat der Zahn immer weiter weh, dann musste er raus. Da half gar nichts.
Dann gingen die Leute zum Bader. Der Bader gehörte zum fahrenden Volk, das von Jahrmarkt zu Jahrmarkt zog.
Zähne zog der Bader in jedem Fall mit einer großen Zange mitten auf dem Marktplatz. War gerade kein Bader in der Gegend, ging man zum Schmied. Der hatte nicht nur große Zangen, sondern auch viel Kraft.

Ulrike Gerold/Wolfram Hänel (gekürzt)

Eine neue Brille für Nico

Nico kommt müde aus der Schule.
Er trinkt ein Glas Limonade.
Dann schimpft er los: „Frau Breidenbach hat mich angemeckert. Ich würde nie aufpassen.
Dabei war der Text an der Tafel viel zu klein!"
Nico weint fast. Da überlegt Nicos Mutter:
„Beim Fernsehen sitzt er auch immer so nah vor dem Gerät.
Ob Nico schlecht sieht?"
Am nächsten Tag vereinbart Nicos Mutter einen Termin bei der Augenärztin.
Die Ärztin untersucht Nicos Augen und sagt:
„Du brauchst unbedingt eine Brille!"
Am gleichen Tag gehen Nico und seine Mutter zum Optiker.
Nach drei Tagen ist die Brille fertig. Ein super Modell!
Jetzt kann Nico wieder alles ganz genau sehen:
den Text an der Tafel und im Lesebuch.
Als sein Freund Christoph auch noch zu ihm sagt:
„Übrigens, deine neue Brille ist echt cool!",
da ist Nico wieder richtig glücklich.

Krankengeschichten vom Franz

Die Krankheiten kommen beim Franz
immer zur falschen Zeit.

Wenn er keine Lust hat,
in die Schule zu gehen,
ist der Franz garantiert gesund.
Krank wird er nur,
wenn die Gabi von nebenan
Geburtstag hat
oder der Zirkus gerade in der Stadt ist.
Das findet der Franz ungerecht und gemein.

Nur einmal hat er bisher
mit einer Krankheit Glück gehabt,
und das war der Scharlach.
Den kriegte aber nicht der Franz,
sondern der Josef, sein großer Bruder.
Die Mama nahm sich Urlaub,
um den Josef zu pflegen.
Aber der schlief meistens.
So hatte Mama jede Menge Zeit für den Franz.

Christine Nöstlinger (leicht gekürzt)

Krank

„Ich kann heut nicht zur Schule gehn",
so sprach heut Morgen die Marlen.

„Ich habe Ausschlag, rote Flecken,
Masern, Mumps, was für ein Schrecken,
hab' Knochenschmerzen, rote Beulen.
Mein Hals tut weh, es ist zum Heulen.
Auch meine Füße sind geschwollen
und Mandeln hab' ich, groß wie Knollen,
und Hühnerpocken, siebzehn Stück.
Ich kann nicht vor und nicht zurück.
Ich seh ganz grün aus im Gesicht
und Grippe hab' ich, merkst du' s nicht?

Mein Fuß ist krank, ich spür' den Schmerz,
ich huste und mir klopft das Herz.
Ich schnupf' und keuche auch und dann
merk' ich, dass ich nicht atmen kann.
Mein Rücken schmerzt, mein Bauch tut weh,
ich frier' vom Kopf bis an den Zeh.
Und aus dem Daumen muss der Splitter raus
und dann erst mein Haar, das fällt mir schon aus.

Doch was, was ist, was sagst du da?
Samstag ist heute? Auwei! Na, klar!
Dann auf Wiedersehn!
Ich will spielen gehn."

Shel Silverstein (gekürzt)

Der süße Brei

Es war einmal ein armes Mädchen,
das lebte mit seiner Mutter allein.
Sie hatten nichts mehr zu essen.

Da ging das Kind hinaus in den Wald.
Dort traf es eine alte Frau,
die gab ihm ein Töpfchen.
Wenn es sagte: „Töpfchen, koche",
so kochte es guten Hirsebrei,
wenn es sagte: „Töpfchen, steh",
so hörte es wieder auf zu kochen.
Nun aßen das Mädchen und seine Mutter süßen Brei,
so oft sie wollten.

Eines Tages war das Mädchen nicht zu Hause.
Da sprach die Mutter: „Töpfchen, koche."
Da kochte es, und sie aß sich satt.
Als das Töpfchen aber aufhören sollte,
hatte sie das Wort vergessen.
Das Töpfchen kochte und kochte und kochte.
Der Brei lief über die Straße und die ganze Stadt.
Endlich kam das Mädchen heim und sagte:
„Töpfchen, steh!"

nach den Brüdern Grimm

Der goldene Schlüssel

Es war im Winter und es lag tiefer Schnee. Ein armer Junge musste Holz auf einem Schlitten holen. Als er das Holz gesammelt hatte, waren seine Hände fast erfroren. Er wollte noch nicht nach Hause gehen. Er wollte erst ein Feuer machen und sich wärmen. Er scharrte den Schnee weg. Da sah er einen kleinen goldenen Schlüssel. Er dachte: Wo ein Schlüssel ist, wird auch ein Schloss sein. Er grub in der Erde und fand ein Kästchen aus Eisen. Er dachte: Es sind sicher kostbare Sachen in dem Kästchen. Er probierte den Schlüssel und er passte. Da drehte er den Schlüssel einmal herum und nun müssen wir warten, bis er ganz aufgeschlossen hat. Dann werden wir erfahren, was für wunderbare Sachen in dem Kästchen lagen.

nach den Brüdern Grimm

Nick hat einen Wunsch

Es ist schon spät, aber Nick, Sarah, Mama und Papa sitzen noch vor dem kleinen weißen Haus. Alle vier schauen in den Himmel und warten auf eine Sternschnuppe.

Wer eine Sternschnuppe sieht, der darf sich etwas wünschen.

„Ich weiß schon, was ich mir wünsche!", sagt Nick. „Ich hab mir was ausgedacht." „Was denn?" Sarah verschränkt die Arme. Es ist ziemlich kalt. Nick will es ihr gerade sagen, aber Mama unterbricht ihn. „Man darf niemandem verraten, was man sich wünscht", sagt sie, „sonst geht der Wunsch nicht in Erfüllung." „Sag`s mir trotzdem!", bettelt Sarah. Aber Nick presst die Lippen zusammen und schüttelt den Kopf.

Er hat sich seinen Wunsch gut überlegt. Es ist ein ganz wichtiger Wunsch.

Bettina Obrecht (gekürzt)

Nepomuk im Lande Verkehrt

Eines Abends konnte Nepomuk nicht einschlafen.
Er schloss die Augen, breitete die Arme aus
und da ..., da geschah es:
Er begann zu schweben und flog davon.
Als er die Augen öffnete, war er im Lande Verkehrt.

Dort gingen am Morgen die Kinder zur Arbeit,
während die Eltern die Schule oder den Kindergarten besuchten.

Nachts lagen die Leute am Strand,
um sich im Mondenschein zu sonnen.
Nepomuk spielte mit den Kindern Ball.

Beim Uhrmacher kaufte er einen Liter Äpfel.
Die Ladenglocke bimmelte,
als er das Geschäft durch das Fenster verließ.

Dann ging Nepomuk in den Park.
Dort schwammen die Vögel aufgeregt im Wasser herum,
und die Fische zwitscherten auf den Bäumen.

Bald darauf kam er an einer Bäckerei vorbei.
Neugierig schaute er durchs Fenster.
Da saßen zwei Briefträger zwischen Teigschüsseln und Sahnetöpfen
und stempelten die Briefe mit Schokolade.
Später kam er zu einer Blumenwiese.
Dort sah er, wie Kinder mit ihren Schlitten den Berg hinauffuhren.

Gabriele Munzert (gekürzt)

Uli und sein Hund

Es ist ein kalter Vormittag. Uli will nach Hause gehen. Da sieht er in der Kellernische ein winziges, wolliges Knäuel mit dunklen Augenknöpfen.

„Ein Hund!", ruft Uli. „Ein Hundebaby!" Uli zieht seine Jacke aus und wickelt den kleinen Hund ein. „Hab keine Angst", flüstert Uli. „Ich nehme dich mit heim. Da hast du es gut. Und du sollst Schnupp heißen." Uli ist glücklich.

Aber Uli macht sich auch Sorgen. Uli und seine Eltern wohnen in einem großen Haus mit vielen Wohnungen. Jeder Mieter hat den Mietvertrag unterschreiben müssen. Und in dem Mietvertrag steht:

Das Halten
von Haustieren
ist verboten!

Irina Korschunow (gekürzt)

Wie die Katzen zu den Menschen kamen

Vor vielen tausend Jahren begannen die Menschen Getreide anzubauen. Sie mussten das Getreide nach der Ernte lagern. Sie bauten Lagerhäuser. Aber Mäuse und Ratten fraßen von den Körnern in den Lagerhäusern. Aus der Umgebung kamen wilde Katzen, um die Mäuse und Ratten zu fressen. Immer mehr Katzen lebten in der Nähe der Menschen. Die Menschen merkten, dass die Katzen nützlich waren. So wurden die Katzen zu Haustieren. In manchen Ländern wurden sie sogar als heilige Tiere verehrt. Wer eine Katze tötete, wurde schwer bestraft.

Die Katzen waren nun oft mit Menschen zusammen. In mehr als tausend Jahren lernten sie mit den Menschen zu reden, in ihrer Katzensprache. Sie reden nicht wie die Menschen, aber sie können miauen. Wenn man eine Katze gut kennt, kann man verstehen, was sie möchte.

Zebe und die Katze

Zebe ist ein ganz normaler Hund.

Katzen mag Zebe überhaupt nicht leiden. Eines Tages bringt meine Schwester eine Katze mit nach Hause. Ein kleiner Tiger ist es. „Wie soll das gehen mit Zebe zusammen?", fragt die Mutter. „Der frisst sie auf mit Haut und Haaren", sagt der Vater. Also, wir wollen einmal schauen.

Die Schwester setzt das Kätzchen auf den Boden und ruft Zebe. Da kommt er. Nanu, was ist denn das? Zebe schaut verdutzt, und die Katze hat gar keine Angst. Zebe schwänzelt und freut sich über das kleine Knäuel. „Das geht ja", sagt die Mutter.

Und wirklich werden die beiden Freunde. Sie schlafen im gleichen Korb und fressen aus derselben Schüssel.

Wer hätte das gedacht!

Willi Tobler (gekürzt)

Tiere im Zoo

Wenn ein Känguru geboren wird, ist es nur halb so groß wie dein kleiner Zeh. Im Beutel der Mutter kann es Milch trinken. Dort bleibt es 8 Monate. Dann kann es allein leben.

Ein Giraffenbaby ist bei der Geburt schon 1,90 m groß. Später wird die Giraffe bis zu 6 Meter hoch und ihr Hals 2 Meter lang. Ihre Zunge ist blau und sehr lang. So kann sie gut das Laub der Bäume erreichen.

Elefanten haben eine sehr dicke Haut. Ein Splitter im Fuß tut ihnen aber genauso weh wie dir. Ihre Nase heißt Rüssel. Mit dem Rüssel kann der Elefant riechen, atmen, Bäume aus der Erde ziehen, winzige Dinge greifen, trompeten und sich Wasser auf den Rücken spritzen.

Das Dromedar ist ein Kamel mit einem Höcker.
Im Höcker ist viel Fett. Das Dromedar findet in der Wüste oft tagelang nichts zum Fressen.
Dann verbraucht es das Fett und der Höcker wird immer kleiner.

Der Strauß ist der größte Vogel der Welt. Er kann nicht fliegen, weil er viel zu schwer ist. Mit seinen langen Beinen kann er aber sehr schnell laufen. Er ist schneller als du mit deinem Fahrrad.

Pinguine sind Vögel. Pinguine können aber nicht fliegen. Dafür können sie gut schwimmen,
gut tauchen und den Fischen nachjagen. An den Füßen haben sie Schwimmhäute. Ihre Flügel können sie wie Flossen bewegen.

Tiere fressen doch nicht alles!

„Jedes Tier bekommt anderes Futter", sagt der Futtermeister.

„Eisbären bekommen Fisch
und fettes Fleisch.

Löwen und Tiger bekommen
mageres Fleisch und müssen
einmal in der Woche hungern.

Die Orang-Utans bekommen
Salat und ganz viel Obst.

Im Futter der Flamingos
ist sogar roter Farbstoff,
sonst werden ihre Federn weiß.

Das dicke Walross hat
einen engen Schlund
und kann nur kleine Fische fressen."

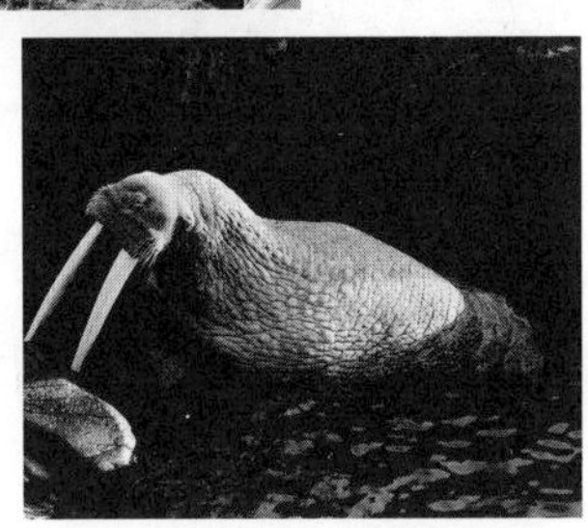

Burghard Bartos (gekürzt)

Ein Tag im Zoo

Anna, Miro und Alex wollen sich gemeinsam die Tiere anschauen.

Miro fragt: „Wohin gehen wir zuerst?" „Zu den Elefanten, den Kamelen, den Bären oder zur Streichelwiese?" Anna ruft: „Ich möchte zu den Affen. Die finde ich immer so lustig." Alex sagt: „Ich möchte sehen, wie die Tiere gefüttert werden. Kommt ihr mit?" Alle sind einverstanden.

Fütterungszeiten	
Robben und Pinguine	12.00 Uhr
und	15.00 Uhr
Affen	12.00 Uhr
Wölfe	14.00 Uhr
Elefanten	17.00 Uhr

Alex überlegt und sagt: „Wenn wir alle Fütterungen sehen wollen, müssen wir zuerst zu den ... gehen."

Die Geschichte von der Frau, die immer an etwas anderes gedacht hat

Einmal wollte eine Frau Wäsche waschen
und Kartoffeln kochen und die Küche putzen.
Sie hat aber an etwas anderes gedacht.

Sie hat das Putzwasser in die Waschmaschine geschüttet
und das Waschpulver hat sie in den Kochtopf getan
und die Kartoffeln hat sie in den Putzeimer geworfen.

Als sie anfangen wollte zu putzen,
sind überall die Kartoffeln umhergerollt
und als die Frau gerade die Kartoffeln
wieder aufsammeln wollte,
ist das Seifenwasser im Kochtopf übergekocht
und die ganze Küche war voll Waschbrühe.

Die Frau hat gelacht und gerufen:
„Jetzt ist die Küche wenigstens sauber!"

Und dann hat sie wirklich alles richtig gemacht.

Ursula Wölfel (gekürzt)

Hinweise zum Gebrauch des Sprachlesebuches in Kurzform

Liebe Kolleginnen und Kollegen,

in den *Arbeitsbüchern 1 und 2 für die Unterstufe* wurden grundlegende Lesefertigkeiten entwickelt. Mit dem hier vorliegenden integrierten Sprachlesebuch soll die bisher erreichte Entwicklung der schriftsprachlichen Kompetenzen gefestigt und erweitert werden.

Lesen

Durch unterschiedliche Textsorten aus verschiedenen Themenbereichen soll die Lesefreude entwickelt und das Interesse am Lesen weiter gestärkt werden.

Die Entwicklung des automatisierten flüssigen Lesens zu fördern ist ein wesentlicher Schwerpunkt des integrierten Sprachlesebuches.

Um die volle Aufmerksamkeit auf die Sinnentnahme richten zu können, müssen Schüler Wörter schnell und automatisiert lesen können. Dies ist ein langwieriger Übungsprozess, der nur dann gelingt, wenn bei den Leseübungstexten ein optimales Verhältnis zwischen dem Lernstand des einzelnen Schülers einerseits und dem Textumfang und der strukturellen und semantischen Komplexität des Textes andererseits existiert. Schüler mit Lernproblemen brauchen in einer bestimmten Phase ihrer Lernentwicklung also passgenaue Lesetexte. Diese beugen der Entwicklung ineffizienter und unzureichender Lesestrategien wie Rateverhalten und vorwiegendes Ausnutzen des Kontextes vor.

Bei Schülern mit Misserfolgserfahrungen kommt es darauf an, sie wieder zu einem ruhigen und sicheren Erlesen ohne Vermeidungsverhalten zu führen.

Aus diesem Grunde gibt es auch zu diesem Sprachlesebuch Differenzierungstexte, die in dem vorliegenden Einleger „Differenzierungstexte" zusammengefasst sind. Die Texte beziehen sich auf das Sprachlesebuch und werden jeweils in reduzierter oder erweiterter Textform angeboten. Es besteht also die Möglichkeit für die Schüler, sich zwischen zwei Texten entscheiden zu können. Der gewählte Leseübungstext sollte so weit geübt werden, bis er weitgehend fehlerfrei und flüssig gelesen werden kann.

Die Texte sind wie folgt markiert: Rechts bzw. links neben der Seitenzahl im Sprachlesebuch oder – bei Auftaktseiten eines Kapitels – neben der Textüberschrift weisen ein großer, nicht farbiger Stiefel und ein kleiner roter Stiefel auf einen vereinfachten Text im Einleger hin, ein großer roter neben einem nicht farbigen Stiefel verweisen auf eine erweiterte Textform. Reduzierte Texte sind in größerer Schrift gesetzt (20 Pt.), erweiterte Texte in kleinerer Schrift (16 Pt.).

Sprechen und Schreiben

An die meisten Texte schließen sich weitergehende Fragestellungen und Gestaltungsvorschläge an. Schüler können zunächst über den Text sprechen, ihre Meinungen äußern und von eigenen Erfahrungen erzählen. Nach der ausführlichen mündlichen Vorbereitung sollten die Schüler die Möglichkeit haben, ihre Gedanken und Äußerungen zu verschriftlichen. Sie sollten in ein separates Heft oder auf spezielle Schreibblätter schreiben. So wird die Bedeutung des eigenen freien Schreibens hervorgehoben und das Schreibprodukt erfährt eine besondere Würdigung. Als Schreibgerät empfehlen wir weiterhin den Bleistift, da Schüler ihre Verschriftungen so am einfachsten und saubersten korrigieren können.

Werkstätten

Die Werkstattseiten bieten ausgewählte Leseübungen und eine erste Auseinandersetzung mit Inhalten aus den Kompetenzbereichen Schreiben und Sprache an. Grundlegende Arbeitstechniken können über die Werkstattseiten eingeführt oder wiederholt werden.

Es geht in den Werkstätten weniger um die Vermittlung und Anwendung von Regelwissen als um das Einüben von Strategien und Methodenwissen.

www.schroedel.de

Schroedel®

ISBN 978-3-507-41693-2

9 783507 416932